児玉 識

上山満之進の思想と行動

増補改訂版

海鳥社

枢密顧問官時代の上山満之進

台湾総督時代の上山満之進

昭和11年秋、防府に帰郷した上山満之進（旅館にて）生前最後の写真

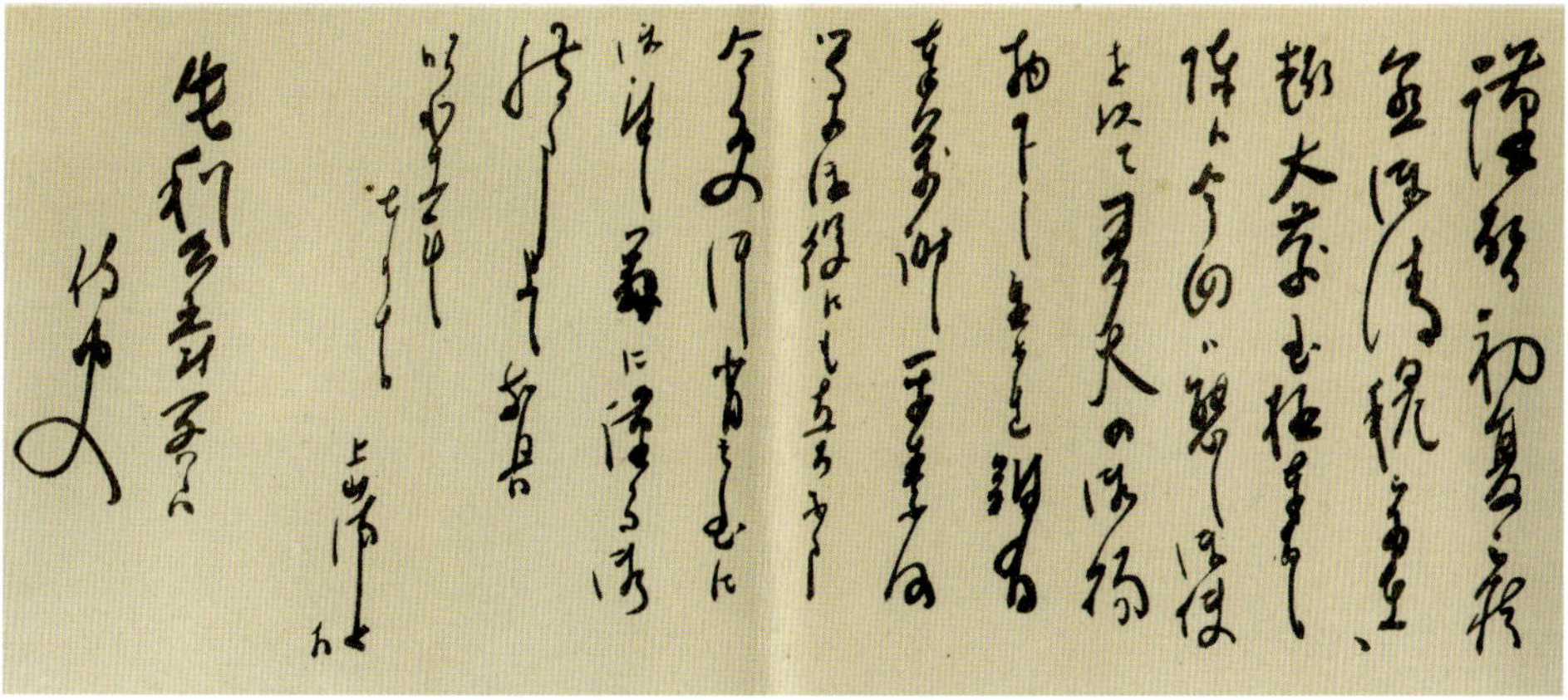

毛利元昭宛の上山書簡（昭和 11 年 7 月 10 日）。上山はこれ以後は健康すぐれず、代筆が多いことから、この書簡は絶筆に近いものといわれている（『上山満之進』上より）

謹啓　初夏之候
愈御清穆被為存候
趣大慶至極奉存候、
陳ハ今回ハ態々御使
を以て多大の御賜
物下し置かれ難有
奉万謝候、平素何
等の御役にも立ち不申
今更汗背之至に
御座候、茲に慎て御
礼申上候　　敬具
昭和十一年
七月十日
上山満之進
拝
毛利公爵閣下
侍史

上山満之進の墓（防府市江泊山麓）

防府市江泊の上山満之進生家と先考（満之進の父）の石碑

竣工直後の三哲文庫（昭和 15 年 11 月）

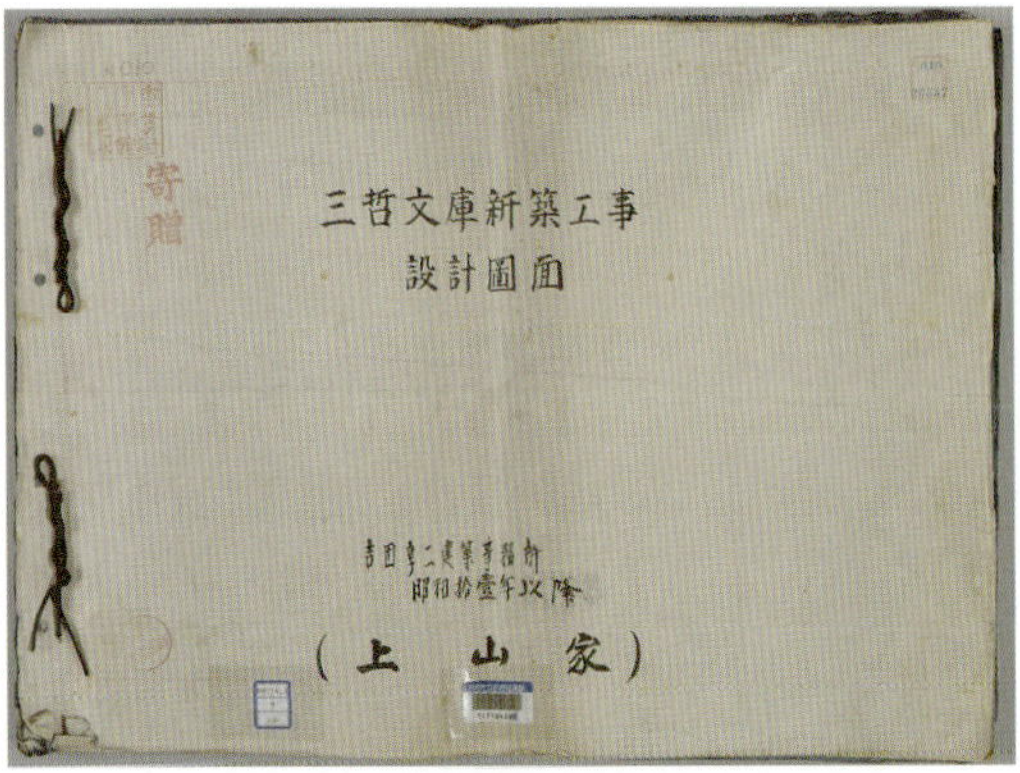

上・三哲文庫の設計図（防府市立防府図書館上山満之進翁展示コーナー蔵）
右・「上山満之進翁像」（防府市立防府図書館エントランスホール）

三哲文庫前庭の「上山君記念碑」（建設当時の通称）
現在の防府市中央町「文学の杜」に建つ

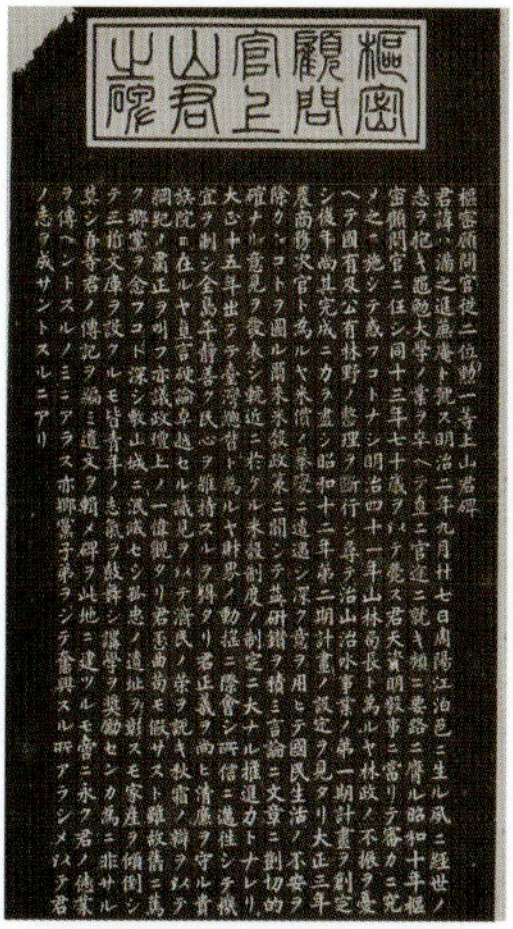

「上山君記念碑」碑文石摺

「上山君記念碑」裏面石摺

上山満之進が陳澄波に依頼し作成された「東台湾臨海道路」。上山は自邸の応接室に掲げていた（防府市所蔵、福岡アジア美術館に寄託中）

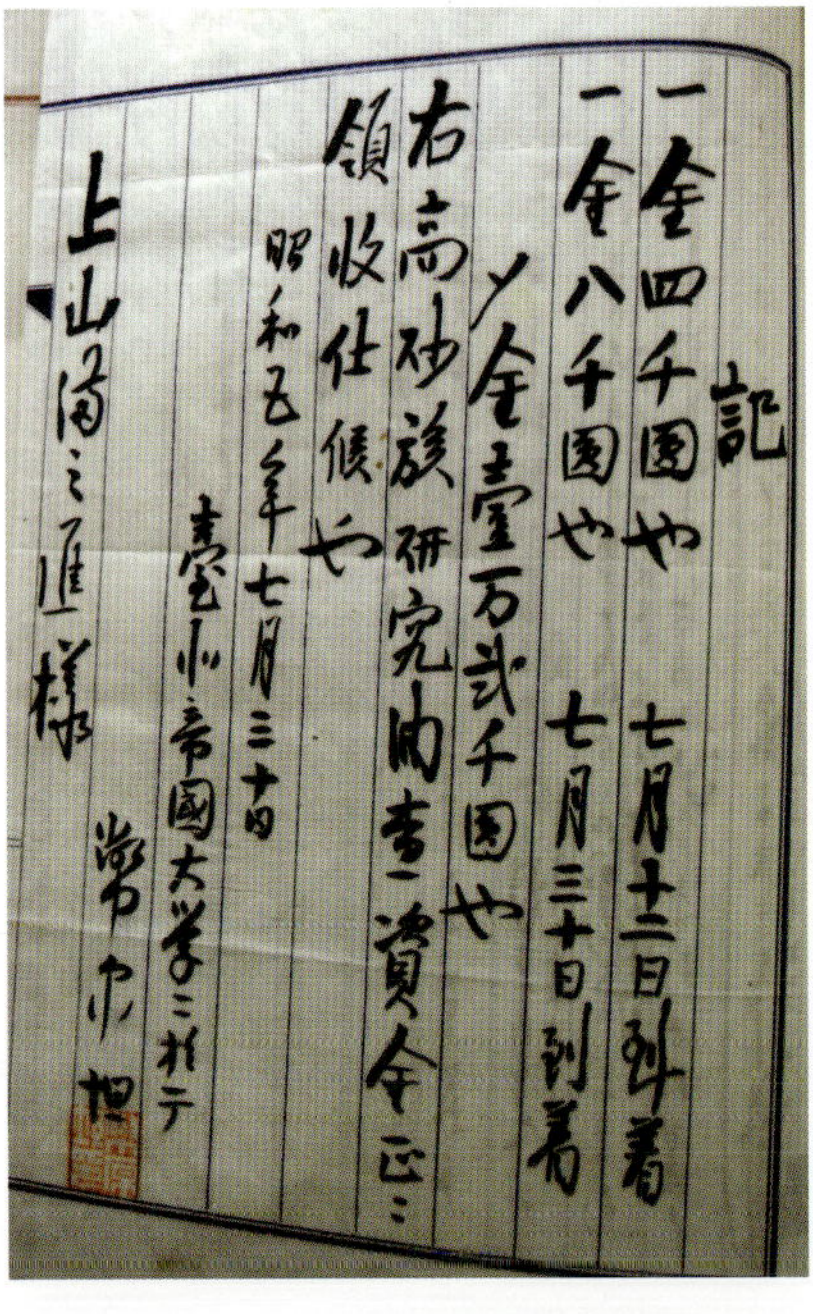

記
一金四千圓也　七月十三日到着
一金八千圓也　七月三十日到着
〆金壹万弐千圓也
右高砂族研究ノ為ニ資金正ニ
領收仕候也
昭和五年七月三十日
臺北帝國大学ニオイテ
幣原坦
上山滿之進様

上山満之進が台北帝国大学に寄付した台湾原住民についての調査研究資金に対する領収書（防府市立防府図書館上山満之進翁展示コーナー蔵）

増補改訂版の刊行にあたって

本年（二〇一六年）三月、私は防府市教育委員会の依頼に応じて『上山満之進の思想と行動』と題する、ささやかな一書（以下、これを「旧版」と略記）を刊行させていただきました。これは、限られた時間内に急いで書き上げたもので、私としてはもう少し掘り下げたい部分が少なからず残る書物でしたが、それでも、旧版を読まれた何人もの方から、これをもっと入手しやすいかたちで再版してほしいという声が寄せられて来ました。

と申しますのも、実は旧版は、最初から主として学校、図書館、公民館などの公共施設や防府市の関係者に無料で配布するだけで、市販はしない方針で出版されたからでした。それは、郷土出身ながらも、一般にはあまり馴染みのない上山満之進について、市民各層にも広く知って欲しいとの思いから企画されたのですから、それなりに意義あることだったと言えましょう。

ただ、市教委の当初の予想以上に旧版の入手希望者が多かったのも事実だったようです。それは、上山満之進の人間的魅力に気付き、これをもっと広く世間に伝える必要があると感じた読者が意外に多かったからかと思いますが、愚直な生き方を貫いた上山の真価を少しでも多くの方々に認識してもらいたいという思いから執筆した私として、これは素直に嬉しいことでした。しかもその声は、上山が統治の最高責任者であった台湾からも起こり、早くもこの本を台湾で出版すべく、中国語訳をしたいと名乗り出てくださる人（国立国家図書館職員洪淑芬博士）まで現れ、驚きました。まさか拙著の外国語版が出版されようとは思ってもみなかったことでした。また、同時にその言葉に背中を押され、なんとか国内での改訂・増補版の作成も急がねばという気持が強まってきました。

そこで、旧版の一部を改訂し、さらに「上山満之進の思想を現代にどう活かすか」と題する別編を増補して出版することといたしました。このような別編を加えたのは、上山の誠実な生涯をさまざまな角度から追跡してきたものとして、単にそれらを手短かに紹介するだけで筆を終えてよいのか、そこからなにを学び取り、現代にそれをどう活かすかについても、少しは触れる責任があるのではなかろうかという思いが最近しきりに頭をよぎるようになってきたからです。

それは、上山が生涯にわたって取り組んだ差別、独裁、金権、派閥、暴力などの問題は、いずれも二十一世紀の現代においても社会不安の大きな要因をなしており、旧版の読者にも今こそ上山の思想と行動を継承すべきことを痛感された方が多いと思われるからです。ただ、すでに旧版で述べたように、上山の活動分野はきわめて多岐にわたり、その継承の可能性という課題は私の能力をはるかに超えています。そこでここでは、上山が総督時代（一九二五～二八）に深い愛情をもって促進をはかろうとしていた台湾との友好という一点に限定して考察を試みることとしました。

しかし言うまでもなく、正式の国交がない台湾との友好を目指して行政が動くには、いろいろの規則や手順がありましょう。そこで以下では、その先鞭を付ける願いを込めて、民間交流や大学間交流が可能な次の二つのテーマに絞って具体的に若干の問題を提起することとしました。それは、

（A）嘉義市と防府市の文化交流の可能性

（B）台湾と山口県の文化交流の可能性

の二項です。このうち、（A）は、私が嘉義市を訪問したときの体験を踏まえて書いてみました。（B）は、台湾について不勉強な私には荷が重すぎるので、国際的文化人類学者で、山口県立大学で地域学を講じておられる安渓遊地教授に急遽依頼して執筆していただくことにしました。

以上のようなプランを練って、改訂・増補版刊行の希望を海鳥社取締役会長西俊明氏に伝え、出版をお願いいたしましたところ、旧版を一読のうえ、ご快諾いただきました。西会長も上山の生きざまに深く共鳴されたようですが、執筆者としてこれは大変に嬉しいことです。

そして、早速に出版の手はずを整えてくださいました。心からお礼申し上げます。

二〇一六年八月

児玉　識

はじめに

いまなぜ上山か

上山満之進《かみやまみつのしん》といっても、明治初年に生まれ、昭和初期に亡くなったこの政治家の名を知っている人は、現在、山口県内でも多くはありません。これは、八人の総理大臣をはじめとして、幾多の有名政治家を輩出したこの県であってみれば当然のことかもしれません。というのも、上山は一度も大臣経験をしたこともなかったし、教科書に名が載るほどの大事業をすることもなかったのですから。

それでも、近年、一部の人びとのあいだで、この人物の果たした役割を再評価しようとする動きがあるのも事実です。それは、上山が恵まれた学識、経歴、行動力をもち、その気になって長州閥のバスに乗れば容易に出世出来る身でありながら、敢えてそのコースを選ばず、清貧に甘んじ、自らの信念に生きた、たぐいまれな気骨ある人物であったことから、政治不信が充満している今こそ、この政治家の生きざまにスポットを当て、そこから政治家のあるべき姿勢を考えてみたいという気運が高まっているからでしょう。

私も同様に、上山の清廉《せいれん》にして剛直な生き方に魅力を感じ、その研究の必要性をしばしば強調してきた一人です。ただ私の場合、最初に上山に強く心をひかれたのは、それとは別の次元からのことでした。それはどういうことからだったか、以下にそれを記すことによって序文にかえさせていただきましょう。それ

防府市立防府図書館上山満之進翁展示コーナー

によって、上山の若い時分からの学問観、社会観の一端を知っていただくことが出来ると思いますので。

上山研究の機縁

防府生まれの私は、防府市立防府図書館の前身「三哲文庫」の設立資金全額を提供した人として、上山の名を高校時代から知ってはいましたが、その人柄、業績について関心をもつようになったのは、それから二十年以上も後のことです。その縁は、日本民俗学の創始者柳田國男の一文を読んだことから開かれました。

江戸時代の仏教史を研究テーマとしていた私は、そのころ柳田國男の書物を読むことが多かったのでしたが、ある日、たまたま「法制局時代の上山氏」（『定本柳田國男集』第二十三巻）と題する一文に接し、驚きました。驚いたというのは、上山は大学時代から柳田の二年先輩で、二人は卒業後の勤務先（法制局と農商務省）も同じで、非常に昵懇《じっこん》だったということを知っただけでなく、さらに次のような記述が眼にとまったからです。

上山氏の学問に対する温情はすでに壮年のころから私な

どにはよく感じられていた……（中略）分けても前代を語ることが好きであった。今日は何か学問の一つでもあるかの如く認められている郷土の知識、あれを普通の山口人よりも、ずっと豊富にまた精確に、ほぼ整頓して上山氏はもっておられた。それが私にも著しい感化を与へ、同時に私の物好きな研究に尻押しせられた原因にもなっている。我々二人が仲間をそっちのけにして、折りに話し合った題目も色々あるが、その中でも今によく記憶しておるのは家の昔といふことであった。……（中略）これはなんでも今までの歴史と丸で異った方法を考へ出さねばならぬといふことを実はわれわれは推論しないではおれなかったのである。……（中略）故人が最も尊重せられた一つの学問、即ち国を今日の盛大にいたした多数無名の常民の生活を尋ね、その埋没しきった功績を少しでも世に明かにすることが、同時にまた上山氏の名を不朽にする事業ではないかと思う。

これは上山の亡くなった直後に柳田が綴った追悼文の一部ですが、ここには、上山だけでなく、柳田を知るうえでも重要な内容が見られます。というのは、超人的とも思える、あの柳田の遠大な学問がどのような過程を経て成立したのかについて今でも多くの人びとが関心を寄せているのですが、その柳田の初期の学問形成に上山が深く関わっていたことが記されているからです。社会人になったばかりの柳田は、歴史に造詣深い先輩の上山から強い感化を受けていたことが窺われれます。なかでも私が格別興味を覚えたのは、「家」の問題を取りあげ、それまでの歴史学とはまったく異なった方法を考えなければいけないということを二人で話し合っていたということです。

のちに柳田は、「家」の問題を深く追究し、家を単位とする祖先崇拝が日本人の宗教観の原型であったという考え方に立脚して民衆の歴史を究明する「柳田民俗学」を体系化していくわけですが、このような「家」

の問題を中心課題とすることによって新しい歴史学＝民俗学を樹立することの必要性を二人が熱っぽく語っていたさまが右の文章から窺われます。歴史を動かすのが民衆であるという考え方は、今日では常識となっています。しかし、当時（明治後期）はまだそのような見方はきわめて珍しく、柳田民俗学が早くからその立場をとったところにこの学問の斬新さがあったのですが、この時期にすでに上山が「国を今日の盛大にいたらしめた」のが、「多数無名の常民」だったという考え方をもっていたことに私は非常に驚きました。ここには、国家の底辺をなす民衆の力を信じ、その人権を尊ぶ平等精神が脈打っているように感じられたからです。

こんなことから、私は思いがけずも上山に関心をもち、その伝記や上山自身の論著を読み始めました。そして分かったのは、上山は中学時代から平等尊重の意識が非常に強く、それを妨げる制度、風習、認識などを排除するために熱心に活動をすると同時に、不平等を温存してきた社会的要因を探るために、歴史——とくに地方民衆の歴史——の研究に真剣に取り組んだこと、また、その情熱を生涯持ち続けたことでした。さらにまた、このような政治姿勢から必然的に、中央集権化の流れに抗して地域重視の立場を堅持し、地域住民の生活・文化向上に多大の尽力をしたことも分かってきました。

そうした体験を通して、いつしか私は、近代史専攻のどなたかに上山についての一書を著して欲しいと思うようになりました。それだけに、このたび防府市教育委員会で上山に関する書物の刊行が企画されたと聞き、非常に嬉しく思いました。ただ、その執筆を私に依頼されるとは思ってもみなかったことで、教育委員会の方からそれを聴いたときはいささか困惑しました。というのは、上山は私の専門の研究領域の江戸時代仏教史とはまったく無関係の人物で、上山について本格的に研究したことはないし、また、近代政治史・経済史に関しては基礎的知識も乏しく、期日内にまとめるのはとても無理と思ったからです。それになによりも、上山に関しては、すでに死の三年後の昭和十六年に、上山の甥・小野幸吉氏を代表とする上山君記念事業会によって『上山満之進』と題する上下二巻、二、二〇〇頁近くにおよぶ優れた大冊が成武堂から刊行されていますので、それ以上に詳しい伝記を書くことは、荷が重すぎるとも考えたからです。そのため、しばらく返事を保留していました。

執筆に当たって

しかし、最終的に執筆を承諾したのは、ひとつには、小野氏の『上山満之進』（以下、「小野版」と略記）は厖大な資料を収集し、丹念に記された労作ですが、しかし、何分にも太平洋戦争勃発の年に編著されたもので、戦後教育で育った現代人にとっては、表現面でも内容面でも違和感を覚える部分が少なからずあり、もっとハンディーで親しみやすい改訂版を刊行して欲しいという声が地元で強いことを以前から感じていたからです。それに、上山は歴史好きだっただけに、実にこまめに記録をとり、自筆の原稿、日記、書簡、新聞切抜きなど多くのものを遺し、それらが現在も防府市立防府図書館に保管されており、それを使って「小野版」とは違った角度から上山に接近することも可能かという気もしてきました。

そこで、「小野版」を土台にして上山の生涯を概観しながら、私の関心の強い部分についてのみ重点的に取り上げて、私の「独断と偏見」で、上山を論ずるという、身勝手な案を提示しましたところ、それを快く了承していただきましたので、やっとその気になったのでした。

そんなわけで、本書は十分な準備もしないまま見切り発車で執筆したもので、不備な点が多々あるのは自分でも十分承知しているところですが、どのようなかたちであれ、ひとまず一書として刊行しておけば、いつかこれを踏み台にして、より充実した上山研究をしてくださる方が現れるにちがいないと信じています。本書は、それまでのワンポイントリリーフ役をつとめることが出来れば幸いと思っています。したがって、そのときのためにと考えて、引用文献の出典はなるべく詳しく挙げることにいたしました。

執筆に当たって図書館事務局から、高校一年生あたりの年齢層でも馴染めるくらいの記述が望ましいという注文を受けました。そこで、できるだけその意向に沿うよう、堅苦しい表現はなるべく避けるように心がけたつもりですが、ただ、引用文だけは、他人の文章を勝手に書きかえるのも問題ですので、ごく一部を除いて、他は読みづらい漢字を仮名に改め、旧仮名遣いを現代仮名遣いに改めるだけで、原文のまま載せました。そのため、引用部分には難解な語句が出てくることもありますが、お許しください。

なお、「小野版」は、上巻には①伝記、②上山筆の書簡、③諸家の上山追想録、④年譜、⑤自作の詩歌・文章が、下巻には⑥上山の執筆した著書、論文、談話録等が載せられていますが、引用の場合、煩雑をさけるため、①〜⑥はそれぞれ『伝記』、『書簡』、『追想録』、『年譜』、『詩歌・文章』、『論著』と略記しました。また、上山日記は「日記」、上山関係の資料を収納、展示している防府市立防府図書館上山満之進翁展示コーナーは「展示コーナー」と略記しました。上山関連の写真はすべてこの「展示コーナー」蔵のものを使用しました。

また、本文では、生存者以外は歴史上の人物としてすべて敬称を略させていただきました。

最後に、小著刊行に当たっては防府市立防府図書館の皆様をはじめ、多くの方々にお世話になりました。この場を借りて厚く御礼申しあげます。

二〇一五年十月

児玉　識

上山満之進の思想と行動◉目次

Ⅱ　上山満之進の思想を現代にどう活かすか

Ⅰ　上山満之進の思想と行動

少年時代

一、逆境に耐えて

討幕戦争もようやく終結して間もない明治二（一八六九）年九月二十七日、上山満之進は周防国佐波郡江泊《えどまり》村（現・山口県防府市牟礼築留）で庄屋役兼塩田年寄役をつとめていた上山与左衛門の二男として生まれました。上山家の本家は、天文年間（一五三二－一五五四）ころから宮市天満宮世話役として佐波郡奥畑村に住んでいましたが、満之進の家はこの分家で、江戸時代中期から江泊に分かれて住みついたと伝えられています。父が天満宮を崇敬していたことから、天満宮の満をとって満之進（みつのしん）と名付けたとのことですが、後年には自分でも「まんのしん」と呼んでいたともいわれています。

明治八年に江泊小学校に入学、同十四年に私立周陽学舎（現・防府高校の前身）に進むも、その年に父が死去し、母、姉、妹、弟と本人の五人家族の家計は非常に厳しく、一時休学したこともありました。

しかし、逆境に屈することもなく、母を助けながら勉学に励み、秀才児として早くも周囲から注目される存在となったようです。なかでも、文学面で才能を発揮し、十三歳ころから熱心に和歌を作っています。新しい時代の到来を喜んだ次のような歌もあります。

文明開化

おくれしと古きをすてゝ里ことにめくる車のすすむ御代かな

自主自由

むすほれし網もゆるひてなに事もこころのまゝになすよなりけり

（「詠草甲」『詩歌・文章』）

二、歴史好き少年

右の歌には、大人の真似ごとでなく、少年の初々しさが感じられますが、しかし、こうした歌以上に私が興味を感ずるのは、十四歳のときにすでに「江築地誌略」と題する、生家近くの地誌を書いていることです。そこには、例えば次のような文章も見られます。

陶器製造所ハ江泊部ノ中央ニアリテタコ壺ヲ製スルコトモットモ多シ、ソノ他ノ陶器ヲ製スルコトアゲテイフベカラズ、屋瓦製造所ハ陶器製造所ヨリ東二丁バカリヘダテタル所ニアリテ、瓦ヲ製スルコト月ニ十万ヲモッテ数フ、ソノ瓦甚ダ堅牢ニシテ江泊村内他ニ類ナキモノナリ。

清水井ハ赤土山ノ北麓ニアリ、ソノ水甚ダ清クシテ江泊部オヨビ東西両部ノ人コレヲ飲マザル者ナク、江築村中第一ノ清水ナリ。

下大塘ハ江泊里ノ東極堀越ト江泊部トノ堺ニアリ、縦横各二丁バカリノ大池ニシテ水鳥数多浮泳シ、鯉鮒モットモ多ク、ソノ水流レテ田ニ注グ、ソノ田野ニ功アルヤ甚《すこぶ》ダ大ナリ、故ニ大塘ト名ヅク、上大塘ハ下大塘ノ上ニアリ、縦横各一丁バカリニシテソノ水浅ク、泥頗ル深クシテ蓮根ヲ植ルニ適当ナ

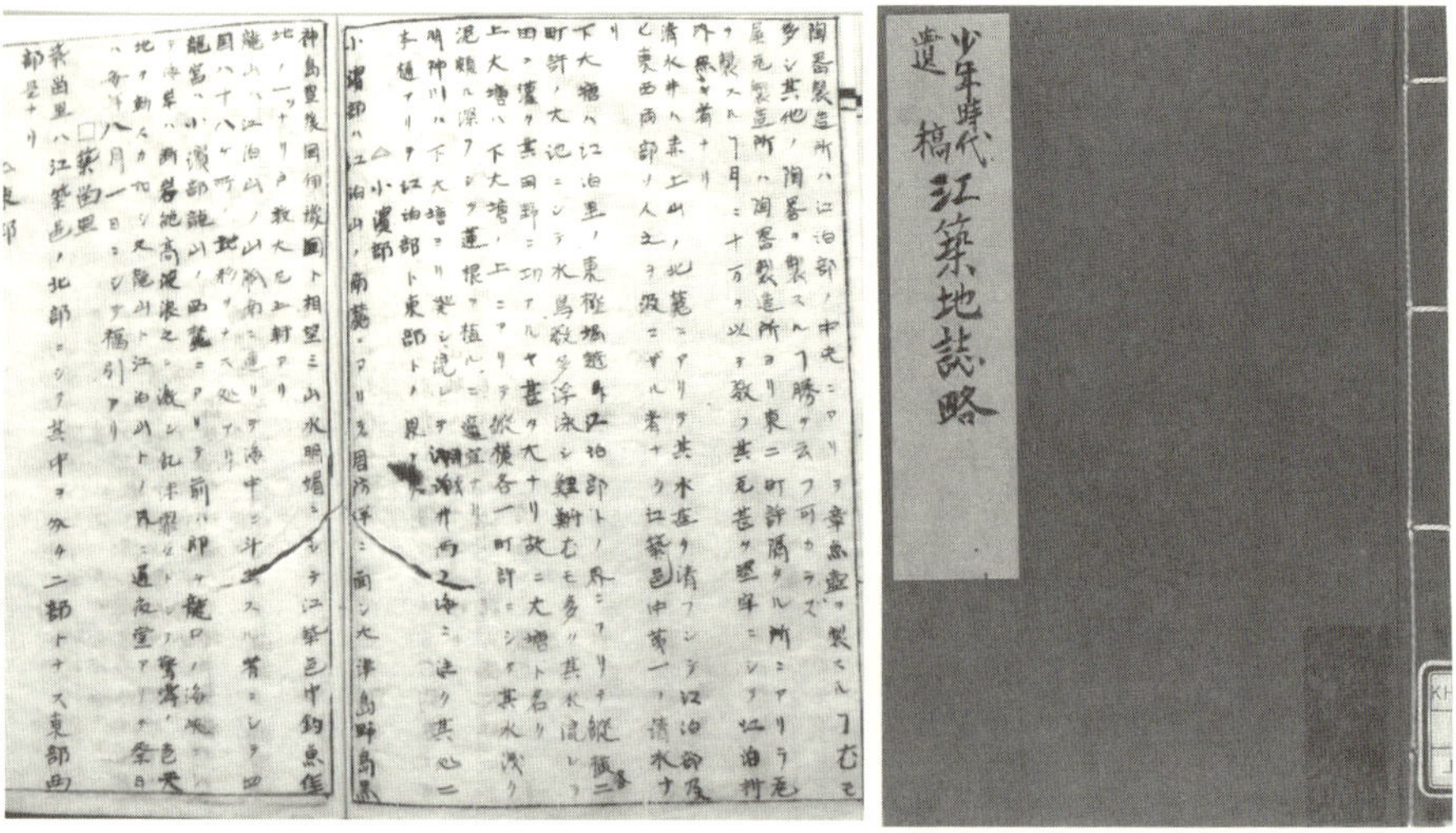

少年時代に書いた『江築地誌略』の表紙と内容（「展示コーナー」蔵）

リ。

明神川ハ大塘ヨリ発シ流レテ清水井西ノ海ニ注グ、ソノ処ニ本樋アリテ江泊部ト東部トノ堺ナリ（『詩歌・文章』）。

一読して分かるように、これは郷土自慢的なものと異なって、あくまで客観的に叙述されており、現在でも当時のこの地域の状況を知るうえで役立つ地誌で、とても十四歳の少年が書いたとは思えないほどのものです。これらの知識は、古土器類の発掘、古老からの聞取り調査、各種歴史書の書写などによって得たようですから、このころからすでに並外れた歴史好きの少年だったと思われます。

また、この年には演説の重要性を頻りに説き、「演説主張論」なる一編を草したりもしていて、将来政治家になる兆しもこのころからすでに芽生えていたようです。

青年時代

一、旧武士の特権批判

明治十八年、周陽学舎本科を卒業した上山は、母の元を離れて山口中学校に入学、さらに学制改革にともなって山口高等中学校へ進みました。学業成績は常に一、二位でしたが、学業だけでなく、天分発揮の環境に恵まれ、その行動はますます多岐にわたり、かついよいよ活発化していきました。たとえば、文筆面では、友人と雑誌を刊行して漢詩文や政治小説、政治論などを投稿しています。また、演説も得意で、教育制度や政治問題でも雄弁を振るって、社会批判を果敢に行いましたが、なかでも世間を驚かせたのは、当時山口県で起こっていた士族就産処理問題で、士族子弟に対してのみ月謝が二割減免されることとなったことに対して上山が「金員元ヨリ小ナリ、モッテ顧ミルニタラズ。シカレドモコレヲモッテ士族平民ヲ区別シ、ソノ感情ヲ阻《そ》隔《かく》スルガゴトキハ、実ニ我校不調法ノ端緒ナラン」（『伝記』）と、これを批判したことでした。

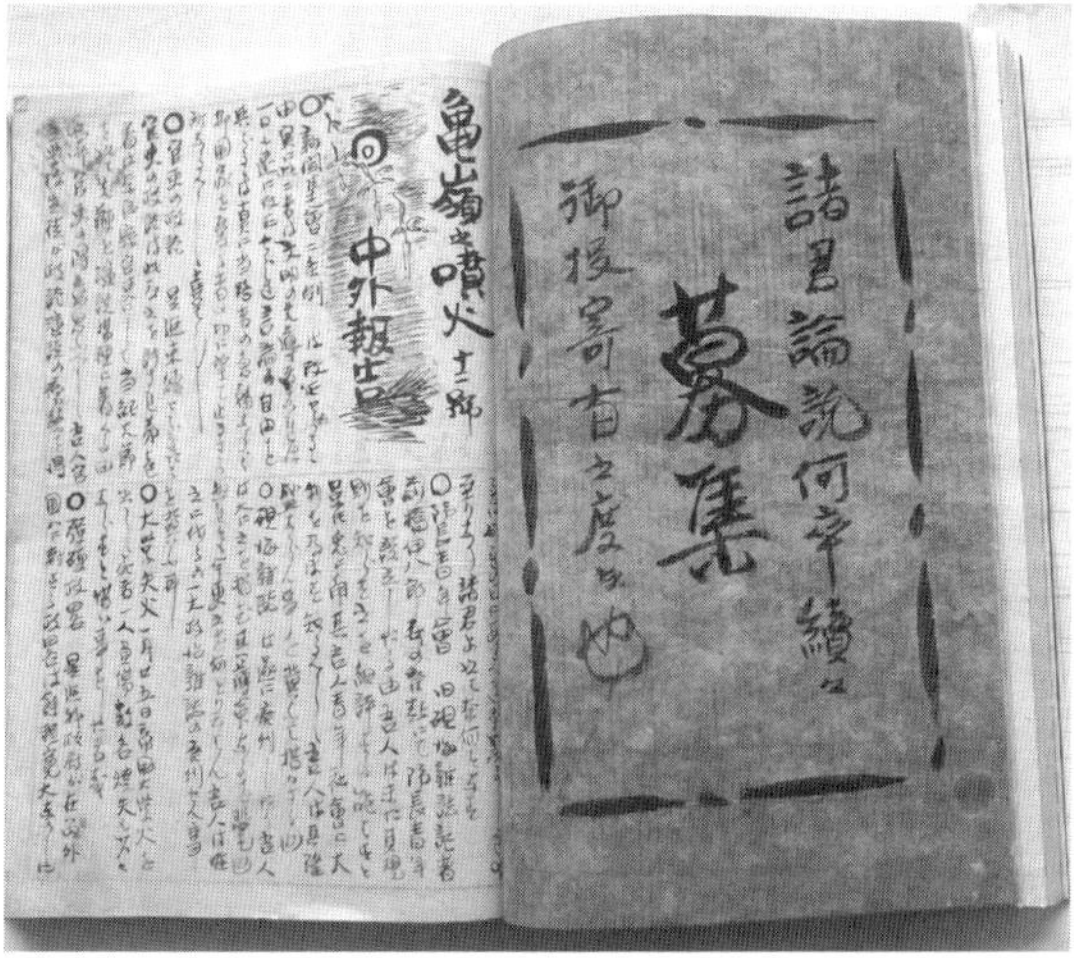

手書き雑誌『亀嶺之噴火』（「展示コーナー」蔵）

　明治の世となり、平等社会が到来したはずなのに、なお現実には士族の特権が存続していることに強い憤りを感じていたことが窺《うかが》われますが、上山はその気持をさらに「毛利祥久君に呈する書」と題して、「防長新聞」（明治二十五年八月五日付）に投書し、次のように述べています。

明治の維新、藩政を変じて郡県の制となし、国民を分って華士族平民の三級となす。爾来星霜《じらいせいそう》すでに二十余歳、今や国民三級の別猶《なお》存するありといえども、士族、平民は単に名義の異なるあるのみ、（中略）それ士族も人なり、平民もまた人なり。しかして同じく日本の国民にしてその天性優劣なきことはもとより論をまたず。あにそれ上下の別あらんや。

毛利祥久とは右田毛利氏（江戸期の毛利氏の一門家老のひとつで、周防右田〈現・山口県防府市右田〉に領地を持っていた）十三代当主にして、地元では当時も殿様扱いされていた人物で、その人物へこのような一文を発するとは、なかなかの肝っ玉青年だったのでしょう。

二、同和教育の先駆け

こうした言動からだけでも上山が早くから平等意識に目覚めていたことは十分に察知できます。ただ、この程度のことならば、全国的視野から見れば、他にも似たようなことをした青年もいたでしょう。

しかし、特筆したいのは、真の平等社会実現のために、おそらく当時のほとんどの青年がしたこともないと思われるほどの行動を上山が高等中学時代にしていたことです。それは、単に士族と武士の格差をなくするための平等を説くだけでなく、一般からも差別されていた同和地区の人びとの救済を目指して、差別社会改善のために同和地区に入り、啓蒙運動を実践すると同時に、日本社会にいわれなき差別が生じた理由を探るために本格的に歴史研究に取組み、それに関する学術論文まで発表していたことです。「日記」(明治二十四年四月五日)によると、上山が啓蒙運動を開始したそもそものきっかけは、その前年から雑誌『学友』に六度にわたって「山口県下士族と平民の沿革」という歴史論文を発表したことにあったようです。

この論文は、豊富な史料と見聞を駆使して、江戸時代から明治維新を経て近代に至るまでの防長を中心とした歴史の流れを鋭い史眼で分析した大作です。論文の冒頭で上山は、「余の父は百姓なりし……(中略)故に余は平民なり、平民にしてこの編を草す」と、平民の立場から防長の歴史を論ずることを宣言しています。ここには、自己の階級的立場を明確にし、平民の立場から歴史の流れを主体的に把握しようとする、この論文に一貫した姿勢が示されていますが、こうした視角そのものが当時としては非常にユニークだったでしょう。

これに続いて次のように記述しています。ここには上山の差別についての史観の一端が明確に述べられています。

謹みてわが国の古典を案ずるに、人民兵農の分あるなく、天下の人みな兵にして農、くだりて千四、五百年代の頃に至り、世事の煩雑におもむきたると唐制を模倣したるよりして、政権の分担を生じ、兵農また相分るるに至る。その後、星霜数十百年、兵農ついに二、三氏の手に移り、天下の勇健なるもの相携えてその門下に趨集し、もって互いに相争う。源頼朝の覇府《はふ》を鎌倉に開くに及びて兵士の基礎大いに確定し、爾後、北条氏を経て戦乱相継き、ついに徳川氏に至りて兵農の区画完成したりというべし。

ここから分かるように上山は、そもそも日本社会において差別が発生し、それが長く存続した根本原因は、武士と農民との区別を確定し、それを階級的に固定化したことにあり、そこからさらにもろもろの差別が発生していったという考え方に立脚していたようです。したがって、兵（武士）と農（農民）が分離する以前は平等社会だったが、それは千四、五百年代（戦前の皇紀千四、五百年代は八世紀中期〜九世紀中期、つまり奈良中期－平安初期）から崩れはじめ、鎌倉、室町、戦国時代を経て、江戸時代に至って兵農分離が完成し、武士が農民を完全支配する時代になったと解するのです。そのため、戦国末期にはまだ太閤秀吉のような「微賤《びせん》より起こりて天下を震動せしむる」人物も現れたが、しかし、江戸時代以降はそういうことはなくなったと説くわけです。

このような上山の差別に対する見解から明確に読み取れるのは、日本社会における身分差別は、古代の昔からあったのではなく、中世から徐々に現れ、多くは江戸時代に成立したものであり、しかもそれは兵と農を分離させ、武士を頂点とする身分制によって社会秩序を維持しようとする政治的意図との深い関わりの中で形成されたものと上山が考えていたことです。そして、このようないわれなき差別を除去するためには、まずその実態を江戸時代から明治まで歴史的に究明することがなによりも大切と考えてこの論文の作成に取りかかったのでした。こうしたことは、戦後の同和教育で強調されたところですが、それを上山はこの時期に、主張したのでした。

さて、本論の内容は、最初に徳川幕府の開府から大政奉還までを封建時代、それから明治四年までを転移時代、同年以降を平等時代と規定する独自の時代区分を提示し、この三時代のそれぞれの特質を以下のように指摘しています。

まず、封建時代では百姓、町人が武士と比較していかに無権利な状態におかれていたかを多くの長州藩の法制類に基づいて説明し、さらに部落の人たちに至ってはそれよりもはるかに過酷な生活を強いられていたことを多数の実例をあげて示しています。次に、しかし、こうした強固な身分社会もペリー来航以降、激しい変動に見舞われ、農、町民の力が大きく台頭してきますが、部落の人たちの世界にもほんのわずかながら「解放」の端緒が見えてきたことを述べています。

そして次に、大政奉還後にはたして身分制度がすべての階層においてスムーズに解体したかどうかを検討し、その結果として、民衆は種々の面で士族と同等の権利を認められる場合が多くなったが、それでもなお、差別が制度として存しており、いまだ平等社会になり得ていなかったと論じます。

しかしながら、こうした状況の中からもやがて明るい兆しが見えはじめ、明治四年には「解放令」が、ついで翌年には「士庶縁組み勝手次第」の令が、明治九年には「廃刀令」が出され、さらに明治十五年には「刑法治罪法」が発布され、刑罰面での不平等も排除されたとして上山はこれを高く評価し、これ以降を「平等時代」とし、

この法律たるや、あまねく天下の人民はみな同等刑罰の支配するところとなるに至れり。これ余のいわゆる平等時代の開始にして、爾後士族と平民はその名の相違するのみ、その実権に至りてはさらに一点の優劣あるなし。

とまで言いきっています。そして、その証拠として、たとえば山口県庁職員の中に占める士族と平民の比率を調べ、平民が士族を大きく上回るようになったことなどを数字で示しました。

だが、上山はこの時代を「平等時代」と規定しながらも、完全な平等社会が到来したと考えたのではなく、現実社会にはなお実質的に多くの不平等をとどめている部分があることを指摘します。その不平等をとどめている部分とは同和問題のことで、人びとのあいだになお部落に対する差別意識が存在していることを慨歎《がいたん》しています。そして、こうした差別意識を完全に除去して真の平等社会を実現することこそが近代社会の急務であることを強調して稿を閉じています。

したがってこの論文は、「山口県下士族と平民の沿革」と題されてはいますが、差別問題を防長地方に絞って論じた一大差別史研究論文であったと言っても過言ではありません。部落の起源についても、まだ「帰化人説」、「職業起源説」などがまことしやかに説かれ、人びとの認識がきわめて低かったこの時期に、一高等中学生がこれだけのものを書きあげたことに私は感動をおぼえます。

しかし、さらに注目されるのは、上山がこの論文の発表を機に差別撤廃への意欲をいっそう高め、前述のように実践運動を展開するに至ったことです。実践運動といっても、同和地区の人たち相手に、差別がまったくいわれなきものであることを歴史学的に説明すると同時に、世間の人びとの差別意識を排除するための啓発演説を行う程度で、差別を再生産している明治の社会と政治を厳しく批判するものではありませんでした。しかし、当時の社会レベルからみて、やはりこれはきわめて稀有な、勇気ある運動であったといえましょう。

そのため、その行動に対する批判の声もありましたが、彼がそれをまったく意に介さなかったことは「日記」からも明らかです。

三、古文書による差別史研究

ところで、さらに驚くのは、上山はこうした実践運動を経験することによって、差別の由来を歴史的に究明しようという意欲を一段と強め、学者の力を借りるのではなく、部落差別にかかわる古文書の探索を独力で始めたことです。そのひとつが、山口県庁書庫所蔵の古文書「御仕置帳」の解読でした。「御仕置帳」とは、近世中期から明治初期までの長州藩における犯罪吟味に関する二百余冊の記録帳（現在は山口県文書館所蔵）のことですが、「日記」によると、かれは六日間県庁に通いつめてこれを読み、差別問題に関係する部分を書き抜きし、さらにこれに若干の法制史料を加えたものを清書して一冊の綴本としたのでした。そして、その巻頭に自から次のように記しています。

「御仕置帳」（山口県文書館蔵）の一部

火気赫々《かくかく》ノ候、山口県庁書庫ニ入リ旧記ヲ蟠読《はんどく》シ目ニ触ル所コレヲ筆記シ、爾後余暇《よか》アルゴトニコレヲ清書シテ一巻トナス。モッテ他日論文起草ノ料トナランコトヲ期ス。時ニ明治廿五年二月八日、風雨颯々《さつさつ》、タマタマ家郷ニアリ。

高等中学校生徒の身で、難解な古文書を解読してこれだけのことをなし得たことに驚きを禁じ得ませんが、本人もよほど達成感があったのでしょう。そのことが、右の文章から読み取れます。

だが、日本で最初の部落史料集であるこの上山原稿（細字毛筆書き、四十七枚）は、その後印刷されることもなく今も「展示コーナー」に埋もれたままで、その存在を知る人もほとんどない状態です。

また、本人はこの史料集作成の過程で得た知見に基づいて二つの論文を書きましたが、一編は『学友』に掲載されたもののほとんど読まれることはなかったようですし、他の一編は活字化されることもなく、原稿だけが今も「展示コーナー」の片隅に眠ったままです。これらのことからも分かるように、上山のこの分野での研究は、当時から現在までまったく評価されることはなかったのです。したがって、こうした上山の研究業績に関してもっと詳しく紹介したいのですが、紙数の都合でそれが出来ないので、この問題についてさらに深く知りたい方は、かつて私が書いた論文「部落史研究の先駆――上山満之進の場合」（朝尾直弘教授退官記念会『日本社会の史的構造』、一九九五年、思文閣出版）を読んでいただくことにして、先へ進むことにしましょう。

ただ、その前に、その論文で指摘した次の二点だけ、上山の部落史研究の要約としてあげておきましょう。

①同和問題解決のために部落史の研究が必要であるということが一般に広く言われるようになったのは、昭和三十年代以降のことであるが、上山はこのことを明治二十四年ころから考え、実践していた。

②部落史研究を古い文献にさかのぼって行うようになった最初の学者は京都帝国大学教授であった喜田貞吉で、それは大正末期からといわれているが、上山はそれより三十年も早い時期から行っていた。

以上のことからだけでも、上山がこの問題にいかに早くから熱心に取り組んでいたかがご理解いただけると思います。

なお、大学入学後の上山が部落史の研究や差別撤廃のための実践運動を続けた形跡は見られません。後年、本人も「学生生活と官吏生活とでこの問題に深入りする余裕がなかった」(「融和運動に就いて」『融和運動』一八九二年二、七月)と告白しています。しかし、研究、実践活動はしなかったものの、その後も部落差別の問題に強い関心を寄せ、差別撤廃が実現しない現実を深く憂慮していたようで、それは右の「融和運動に就いて」の一文からも十分に窺えるところです。ここでも上山は、人びとの差別観念を根絶させるためになによりも大切なのは、差別観念が封建時代の政策に発したにすぎないことを世間に周知させることである旨を強調しており、高等中学時代からの考えを持ち続けていたのは確かです。

四、天下の英才に伍して

母の肥料販売が主たる収入源だった上山家の家計は、明治二十三、四年ころからますます困窮をきわめ、先祖伝来の土地を売却するまでに至りました。それでも上山は困苦に耐え、明治二十五年七月に高等中学校を卒業し、帝国大学法科大学(現・東京大学法学部の前身)へ入学しました。もとより、東京で学業を続けるほどの資力があるはずはなかったのですが、それが出来たのは、防長教育会から学資の一部貸与を受けたからで、上山はそのことに深く恩義を感じ、後述するように、以後、晩年に至るまで防長教育会発展のために多大の尽力をしています。

上山の大学での受講状況について知りたいのですが、それについて記したものはいっさい見当たりません。「展示コーナー」には、ただ教授穂積八束の憲法講義を記した二冊の講義ノートが遺っているだけです。穂積は、フランス人法学者ボアソナードが作った民法草案が家族道徳など日本の伝統的な倫理に反するとして、それに反対したこと（民法典論争）で広く世間の耳目を集めていた学者だっただけに、上山が穂積の講義にどのような感想をもったかをこのノートから探りたいところですが、残念ながら、講義内容がビッシリ書き込まれているだけで、上山の考えを知ることは出来ません。「日記」にもそのようなことについては書いていません。

法科大学時代の同期生には、のちに総理大臣になった浜口雄幸、幣原喜重郎の二人をはじめ、小野塚喜平次（のち東京帝国大学総長）、伊沢多喜男（のち台湾総督、東京市長）、高野岩三郎（のち日本放送協会会長）ら、錚々《そうそう》たる面々がいました。かれらは明治二十八年に大学を卒業し、のちに「二八会」と称する会を結成し、そのメンバーの多くが政府の要職につきました。そのことから、今も言われている「花の二八《にっぱち》」という言葉が出来たようですが、上山はその二八組の優秀な学友の中でもきわだった存在だったようで、晩年までもっとも親交のあった伊沢は学生時代の上山について次のように記しています。

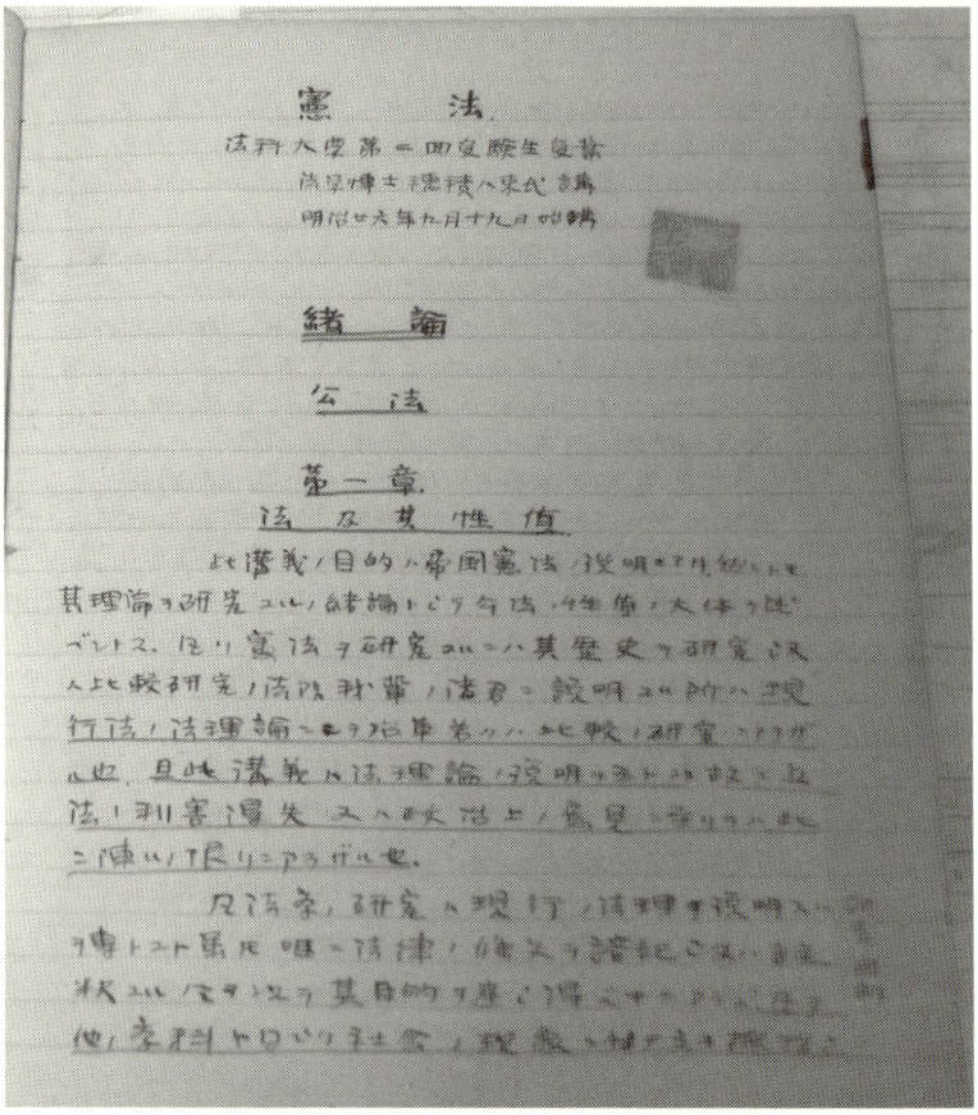

上山が筆記した穂積八束の講義ノート
（「展示コーナー」蔵）

上山は頭脳明晰、志気堅実、凛乎《りんこ》たる気節を蔵し、法律的に鋭く、学生時代すでに言論は理路整然、正義感また非常に強く、かつ実行の勇に富んでいた。しかもその勇気はいわゆる暴虎《ぼうこ》憑河《ひょうか》のそれでなく、ことを決するに精密周到、ひとたび正と信ずれば直往進、いささかも他を顧みない底であった。が、その反面にはまた自尊心が強く、なかなか人に下らなかった。これが彼の一生を通じて一貫した態度であった。
大学では英法科に在籍していたが、常に三番とは下らず、多分特待生であったと思う（伊沢多喜男「大学時代の上山」『論著』）。

この伊沢の文章からも分かるように、当時の上山は、学業が優れていただけでなく、意志堅固で正義感のある、一徹な学生であったことが察せられます。そこには、中学時代からの変わらぬ清廉にして剛直な姿が感じられますが、その一途な生き方が防長出身の在京先輩の一人で、農商務大輔、枢密顧問官等を歴任した品川弥二郎と上山を結びつける一因となったと私は思います。それは、「日記」（明治二十八年二月十二日）に、はじめて品川弥二郎を訪問したときに聞いた言葉として次のように記しているところからも推察されます。

マタ慷慨《こうがい》シテイワク。余ヤ人ノ悪ヲ見テコレヲ許セズ、コレイワユル狭隘《きょうあい》ナルモノナルベシ。シカレドモ性ツイニ曲グベカラズ。モシシイテ手段方法ヲ口実トシテ円滑ヲ主トスルトキハ、ツイニ八方美人トナルベシ。コレ志士ノモットモ忌ムトコロナリトス。

品川弥二郎は民党抑圧のため大選挙干渉をしたことで悪評もあった人物ですが、しかし、右の品川の言葉に純真な上山が感動したことは間違いないところでしょう。そして、この学生時代の体験が、以後、上山が深く品川に私淑するに至ったきっかけだったと思います。あとで述べるように、上山は吉田松陰を非常に尊敬し、松陰精神の賞揚に力を注ぐのですが、これも、「年少とはいえ、必ず義理に強き志士たるを信

帝国大学法科大学生の上山満之進

じ、末路の重大は大抵これを品川に託したり」（『品川子爵伝』一九一〇年、大日本図書）といわれるほどに松陰の信頼の厚かった品川の感化によるところが大きかったのでしょう。それがまた、のちに上山と防長教育会との関係をいっそう強めていくこととなったのでした。

一方で「二八会」の面々から、また一方で品川をはじめとする郷土出身の先輩政治家たちからさまざまな刺激を受けながら一段と大きく成長していったのが上山の大学三年間だったと考えられます。そして、明治二十八年七月十日、目出たく大学卒業の日を迎えました。ついで九月には防府中関医師吉本潤亮の娘きみ子と結婚、さらに、十月には高等文官試験にも合格、と苦学力行の甲斐あって三つの慶事が続いたのでした。

ところが、十一月三十日に以前から病床にあった母が死去し、大きな不幸に見舞われました。急遽、家郷に帰り、十二月四日に葬儀を終えましたが、その日の日記には「山上一片黄土ノ下ニ眠ラシム」と記し、さらに

故国山高水長流　何図病母事全体
梵経今夜不堪誦　寒雨粛々落葉憂

と漢詩をしたためています。

法制局参事官時代

一、柳田國男を驚かせた知識欲と郷土愛

母との死別の涙も乾かぬ翌二十九年一月、上山は青森に県参事官として着任し、慌ただしい中に社会人としての第一歩を踏み出しました。そのころは、日清戦争の戦後処理のもっとも困難な時期でしたが、郡市町村の指導監督、県財政の確立、地方自治の向上等々の仕事に上司を補佐して大いに敏腕を振るったと言われています。

しかし、早くもその年の五月の発令で山口県参事官に転任となりました。山口は郷里だけに事情もよく分かり、歴代知事の信任も厚く、郡制施行にともなう諸問題の処理や学校行政等々で優れた手腕を発揮しました。そして、二年半後の三十一年十二月に法制局参事官に任じられ、東京に赴任しました（『伝記』）。

山口県参事官時代の上山満之進

法制局時代の上山の行動については、本人の記録もきわめて少なく、分からない部分が多いのですが、ただ幸いなことに、「はじめに」でも記しましたように、二年後輩で親しく交わっていた柳田國男が「法制局時代の上山氏」（『追想録』）と

法制局参事官時代の上山満之進

いう一文を遺していますので、それによって当時の上山の動向を探ってみましょう。

柳田は「役人に許される最大限の自由をもって時世を観察し、政策を批判し、いかなる小さな案件でも文句を付けずには通すまいとし、一日として議論をせずに過ぎた日は」なかったが、その議論の相手にはほとんどいつも上山がいたと、二人で自由奔放な、役人らしからぬ役人生活を続けていたことを強調しています。

しかし、それでいながらも柳田は、法制局に入って六、七年後の明治三十七、八年は上山の仕事がもっとも油の乗っていた時代のように感じたとも言っていますから、重要な仕事にも従事していたに違いありません。その一つとして、日露戦争の宣戦布告に至るまでの用意として合議に付しがたい機密の案件の調査をしていたことをあげ、さらにそのころの日記が遺っていないのは、「熟慮の結果、廃棄せられたものと私は想像する」とまで言っているところからみても、国の命運に関わる重要事項も担当していたのではなかろうかとも思われます。

また『伝記』にも、三十七年から約一年間、捕獲審検所評定官として佐世保で戦時勤務についたことや、このころ井上馨、桂太郎、野村靖、寺内正毅、児玉源太郎、乃木希典ら防長出身の政治家、軍人と知遇を得たことが記されています。

ただ、柳田は「確かなことは私は知らない」と具体的な内容についてはまったく触れていません。そんなことよりも、柳田にとっては、上山と交わした学問的会話の方がずっと興味があったようで、その点に関しては長々と記述しています。たとえば、何か一能に秀で一つの問題に詳しい部下がいれば、自分から近づいて話をさせ、それを柳田にも紹介することが多かったと、柳田の知識は上山を介して得ることが多かったことを示唆しています。そんなことから、柳田は上山の素晴らしい点として「知識欲の旺盛」であったことを強調しています。一般には、柳田は空前絶後の物知りのように言われていますが、その物知りの柳田が上山を知識欲旺盛な人物として讃えているのですから驚きです。ここからだけでも、上山の偉大さの一端が窺えるような気がします。

なお、右以外に柳田の上山評で興味を感じたことを一、二紹介しておきましょう。その一つは、「上山氏は筆まめな、ことに意見書をよく書く人であった」と言っていることです。それというのも、柳田ほど多くのものを書いた人はないと言われるほど、よく執筆した人物で、『定本柳田國男集』は彼の全著作を収録したわけではないにもかかわらず、五百余ページの大冊が三十五巻だから大変な量なのですが、それほど多筆な柳田が「よく書く人」だったというのですから、上山は筆力の面でも想像を絶する力量をもっていたと思われます。

また、柳田が上山の郷土愛について次のように記しているのも注目されます。

上山氏の郷土愛に至っては異数《いすう》であった。いかなる繁劇《はんげき》の職にあり、どんな遠方の土地を歩いていても、いつでも喜んで故郷のために計画し、指導し、また援助しようとせられたのも、上山氏の場合においては努力ではなかった。家と土地との遠く久しい因縁が、未来もなお永く続くべきものであることを、常から思っておられたのが動機であったことは私などには少しも疑うことができない（傍点児玉）。

ここで柳田は、上山の郷土愛は単なる感傷的ノスタルジアではなく、そこには一つの哲学があったことを説きたかったように思われます。それは傍点部分から分かるように、家は本来、単独に存在しているのではなく、先祖が守り続けてきた土地と結びついて存在するものであり、その関係は将来も続くべきものという考えですが、その根底には、そもそも家とは、どこにでも簡単に移せる、根なし草の「住み屋」ではなく、それぞれの土地に根を生やし、その地の自然（森や山）＝共同体と和み、子々孫々まで永く安穏に生活して欲しいという先祖の願い（＝祖霊）が宿っている場だという思いがあったのではないでしょうか。私がこのように考えるのは、実は、のちに確立された柳田民俗学では、人は死ぬと祖霊神となって故郷の家の近くの森や山に宿り、盆や彼岸に子孫の家に迎えられ、祭られ、平素は森や山の高みから家の永続を願って子孫の生活を見守り、幸福をもたらすと信ずる、これが日本人の祖霊信仰で、それがあるのが日本社会の特質と説いたのですが、柳田と親しかった上山は、祖霊観においても柳田に近い考えをもっていたのであろうと思うからです。そこには、家は単独で存立しているのではなく、祖霊神の宿っている森、山などの存在する聖なる空間と有機的につながって存続しているという考え方があったようです。

こうした「家永続の願い」と結びついた祖霊観が広まる背後には、急激な近代化、都市化の流れの中で旧来の家意識が解体していくことに対する危機感があったのでしょうが、それだけに、それは政治世界と摩擦を生ずることもあったのでした。次にその問題に眼を転じましょう。

二、首相山県有朋の宗教政策に盾つく

柳田の文章からは、上山と柳田の関係は前記のように、よく理解できるものの、上山が法制局時代に具

体的にどんな仕事をしていたかについてはほとんど分からないのですが、一つだけそれを知る記録があります。それは、明治三十二年に宗教法案が帝国議会に上程されたときのことで、法制局参事官として審議に関係した上山が、「そのことで実に苦しい立場に立ったことがある」と語ったことが、上山のずっとあとの後輩窪田治輔の手記として『伝記』に載せられています。

この宗教法案は、「国家ト宗教ノ関係ヲ定メタル宗教団体ノ権利義務ニ関シテ適当ナ規程ヲ設ケテコレヲ保護監督」することを目的とするもので、山県内閣は改正条約の外国人雑居に対処するため、この法案をぜひ成立させたく、非常に熱心に取り組んだといわれています。そして、これはキリスト教、神道、仏教の各宗を平等に取扱うものであることをうたっており、政府は信教の自由を保証するものとしてどの宗派にも受け入れられると考えていたのでした。ところが、「保護監督」の解釈を巡って各宗それぞれの思惑があり、激論のすえ廃案となったのでした（小林和幸「山県内閣『宗教法案』と貴族院内諸会派」『日本歴史』四七三号）。したがって、山県内閣としては大変な痛手を受けたのですが、実は上山はこの法案成立に反対の立場にいました。

法制局長官平田東助が起草した法案に参議官の上山がなぜ反対したのか、はっきりした理由は分かりません。ただ、窪田手記によると、上山は貴族院で反対の急先鋒であった都築馨六の反対理由が「偶然にも自分が内部の審議の際述べた反対理由とまったく同一趣旨であった」と言ったとのことですので、都築馨六の意見とはどのようなものだったかを探れば、少しは上山の言いたかったことが分かるかも知れません。

そこで、貴族院第十四回本会議での議事録から都築の発言を見ますに、もっとも強調しているのは、教団、宗派にはそれぞれ独自性があり、「三ツノ違ウ宗教ヲ一ツノ規程デ拘束シヨウトイウノハ余程コレハ無理ナコトデアッテ公平ナヨウデカエッテ大人ニハ小サク、子供ニハ大キイトイウ如ク、カエッテ不公平ヲ来ス」ので、それを法律によって「十把一カラゲニスル」ようなやり方には賛成できないということだったようです。ここから、上山もそれに近い考えから反対したのではなかろうかと私は考えるのですが、もしその考えが当たっているとすれば、上山はそのような法律が施行された場合、どのような宗教が、どう不利益を蒙ると考えたのでしょうか。宗教教団ととくに深い関係をもっていたわけでもないのに、長州出身の山県首相の意に逆らってまでしてなぜ反対したのか、検討する必要はありましょう。これに関し、単なる推測で、史料的裏付けがあるわけではないのですが、私は次のように思っています。

前項で申しましたように、上山は柳田と同様に祖霊信仰が強いのが日本社会の特色という観点に立っていたと思われます。ということは、家の周囲には、子孫を見守る祖霊神の宿っている森や山があるが、それらもまた重要な宗教施設という見解を上山ももっていたと考えられます。とすると、それらも宗教法案がいうところの「保護監督」の対象となるはずですが、そうなると無数に存在するそれらの宗教施設のうち、どこまでを「保護監督」の対象として公認し、どこからを除外するかという、厄介な問題が生じてくるのは当然です。しかし、政府としては、民衆統治を推進する上で宗教教団の諸勢力を掌握しておくことは不可欠で、そのためには、一定の基準以下の宗教施設は統廃合せざるを得ないのですが、その基準をどうするかが大問題です。

組織がよく整備されている教団ならばともかく、神仏混淆で寺とも宮とも分からない施設も沢山あり、そこでは混乱が生ずるのは当然ですが、実は、祖霊神が宿っているとされる森や山にある寺や宮にはそういう類のものが多いのが実情です。そんなことから、宗教法案はよほど慎重に審議されなくてはいけないという立場から、上山はこれに反対したのではなかろうかと私は推測するのです。それはあまりにうがちすぎた解釈だと一笑に付す人も多いでしょう。しかし、政府はこれ以後もたびたび宗教団体に対する干渉を続け、多くの宗教施設が統廃合されていったのは事実で、たとえば三重県のように、明治三十六年に六九八三社あった神社が統廃合され、十年後には八〇三社にまで減少した地域もあります（森岡清美『近代の集落神社と国家統制』、一九八七年、吉川弘文館）。それだけに、こうした政府の宗教政策に対する反対運動が起こるのも当然で、実は柳田國男も合祀に強く反対したのでした。柳田は「人民の信心ということを少しも考えず、ただ外観によって判断するのが悪い」（「氏神と氏子」『定本柳田國男集』第十四巻）という立場から政府を批判し、また、「自分の立場は甚だ苦しい。本職が官吏でありながら、政府の神社に対する近頃の政治振りを批判せねばならない」（「塚と森の話」同右第十二巻）とも言っていますが、柳田と意気投合することの多かった上山もまた、同じような考えから合祀には反対で、その合祀政策の予兆を思わせるような山県内閣の宗教法案に反対したのではなかったか、というのが私の推測です。

この推測が当たっているかどうか分かりませんが、その当否はともかくとして、法制局入局間もない若輩の上山が、長州の大先輩山県の意向を無視する行動をとっていた事実に私は興味を覚えます。というのは、このときだけでなく、上山はその後も何度も同じように、長州の大先輩の意に反する行動をしており、長州閥の中での出世という野心が一切なかったと思えるからです。

農商務省山林局長時代

一、別子銅山煙害事件で奔走

明治三十九（一九〇六）年十月、上山は八年間の法制局生活を終えて、行政裁判所評定官に転じ、ついで四十一年八月に農商務省山林局長に任じられています。第二次桂内閣が成立して間もないころで、農商務大臣は大浦兼武でした。当時は、日露戦争後の急激な近代化によるひずみが日本全体にさまざまなかたちで現れた時期で、その対応に政府は苦慮していました。

なかでももっとも大きな社会問題となっていたのは、各種工場からの有害物質の排出による公害問題でした。そのうちでもとくに世間的関心を集めていたのは、愛媛県新居浜の住友鉱業別子銅山の煙害事件と栃木県足尾銅山の鉱毒事件でしたが、実は上山は、この別子銅山の煙害事件の処理のために奔走していました。

この事件の発端は、明治二十六年に別子銅山からの銅精錬排ガスによる大規模な水稲被害が発生し、近辺の農民が愛媛県に被害を訴え、精錬所に損害賠償を要求し、農民と精錬所の間で紛争が勃発したことでした。そのため、会社側は新居浜沖二〇キロの無人島・四阪島へ精錬所を移転しました。ところが、操業を開始すると、精錬所の煙は二〇キロの海を越え、東伊予一帯に広がり、麦・稲作に煙害が発生し、煙害除害同盟を結成した農民は、明治四十二年に地元選出議員を通じて救済願書を帝国議会に提出しました。

これを受けて、政府は鉱毒調査会を設置して諸鉱山の被害調査に本腰をあげ、別子では農商務省と愛媛県農会が調査にあたり、煙害被害を明らかにし、一方、会社側も煙害を認め、愛媛県知事の伊沢多喜男が会社と農民代表との斡旋にのりだし、大臣裁定で煙害賠償契約書を結びました。また、会社はその後、独自に脱硫装置の技術研究を進め、それに成功して、ようやく煙害を根絶したのでしたが（朝尾直弘監修『住友の歴史』下巻、二〇一四年、思文閣出版）、上山はこの事件の解決のために一役を果たしたのでした。そのことに関して、当時、愛媛県知事だった伊沢多喜男が書いていますので、少し長い引用になりますが掲げておきましょう。

明治四十三年、住友別子銅山の煙害問題なるものが、重大社会問題として一世の視聴を集めた。しかも過去十数年にわたる一大懸案で、平田農相などは該問題の処理方法に悩んだ結果、これに因して辞職したほどであり、本問題は実に農商務省の癌をなしていた。そこでときの大浦農相はこれが解決に必至の決意を有し、愛媛県知事たりし私に処理方法を厳命した。申すまでもなくこの問題は、鉱山業者住友吉左衛門氏対農民、すなわち農鉱両者の対立的難件で、私が同県に赴任した頃は、別子銅山精錬所所在の四阪島《しさかじま》をかこえる東予四郡の農民が大挙して「精錬所をブチ壊せ、重役を叩き殺せ」と暴力的示威運動を盛んにし、ために某々住友重役は髭を落として相を変え法被をかぶり遁出したという珍現象まであった。
そこで私も深く覚悟してこれが解決を策し、農林大臣官邸に農鉱両代表を招致して、押川次官、上山山林、下岡農務、磯部鉱山各局長等立会いの下に、月余にわたり折衝のすえ、ようやく始末をつけるを得たのであるが、その際における上山局長の態度は実に立派なもので、彼の性格を真正面に現し、観点正しく、いわゆる弱者の正を支持する上において微塵の揺るぎもなく、よく公平純正なる我々の説に同じ支援を惜しまなかったことを泌々《しみじみ》感激した次第である。この重大な懸案が、農鉱両業者の共存共栄、併進主義の下に、世界に類例なき立派な処理法をもって解決したことは、上山の力に負うところ相当大なるものがあると共に、三十年後の今日にいたってこれが除害設備完成し、百パーセントの効果を上げ得たことは、まったく世界に向かって誇るにたるもので、事業家として巨額の資金と懸命の努力とを捧げた住友側に対しても感嘆おくあたわざるものがある（「上山満之進君の追憶」『追想録』傍点は執筆者）。

上山が実際に公害処理でどのような行動をしたのか、右の一文からだけでは分かりませんが、しかし、傍点部分からだけでも、弱者が泣き寝入りすることがないよう、公平な立場から対処していたのは確かだと思われます。先にも触れましたし、またあとでも述べますように、上山は虐げられた人びとの救済に心をくだくことが多かったのですが、ここでもその態度で臨んでいたと言えましょう。ただ、具体的行動に関してはこれ以上のことは分かりませんので、この問題はこれだけにして、これ以上に上山が深く関わった山林治水事業の方に眼を転じてみましょう。

二、「治山ノ要、治水ニ存ス」——上山路線

前記のような有害物質の排出だけでなく、急速な近代化、工業化がもたらした弊害はいろいろな分野で見られましたが、それは農商務省の管轄と関連するケースが多く、その都度、農商務省には難題が課せら

れました。なかでも上山が格別腐心したのは、山と川をいかに管理するかの問題でした。というのも、明治二十年代以降、学校、兵営、工場などの建築や鉄道、港湾、橋梁などの土木建設、艦船、車輌、兵器、パルプなどの製造等々が盛んになったことによって、木材需要が急速に増大し、それにともない森林の濫盗伐が激しくなり、その結果、山林が著しく荒廃し、それが河川の氾濫を頻繁《ひんぱん》に発生させるに至ったからです。

こうした水害の中でも、とくに被害が大きかったのは山梨県で、明治四十年八月には県全体で死者二六二人、倒壊・流出家屋二万一〇八七戸、被害耕地七一三町歩という大災害が発生、さらに四十三年八月にも大洪水に見舞われています（『山梨県の歴史』一九九九年、山川出版社）。この連続しての大水害が山林荒廃の結果であることを見せつけられた政府は、翌四十四年に「天皇の仁慈によるものとして、御料林（皇室所有の森林）を山梨県に〝恩賜〟（天皇からたまわる）することを決定し、同年六月恩賜林の実態調査」をするのですが、その調査に政府から派遣されたのが上山だったのです（有泉貞夫『山梨の近代』二〇〇一年、山梨ふるさと文庫）。

その復命書で上山は、「維新ノ後、林政ノ弛廃セルト小物成地ガ官有地ニ編入セラレテ人民不安ノ念ニ駆ラレタルト……（中略）特ニ甲武線隧道用煉瓦製造ト本県ニ起リタル製糸業ノ漸次隆盛ニ赴キタルニ因リ、萩原山ハ益々残酷ニ伐採セラレ……」と記しており、ここから、「官有地編入後の草木採取の将来についての不安が人びとを濫盗伐に駆り立て、これに鉄道建設と製糸業という、まさに明治期の近代化が呼び起こした需要が呼応して、萩原山の荒廃がもたらされ、重川の土石流に結果したこと」を上山は適確に観察していたようです（有泉右書）。

このような体験を踏まえて、以後、上山は山梨県だけでなく、全国的に「治水ノ要ノ治山ニ存スルコト

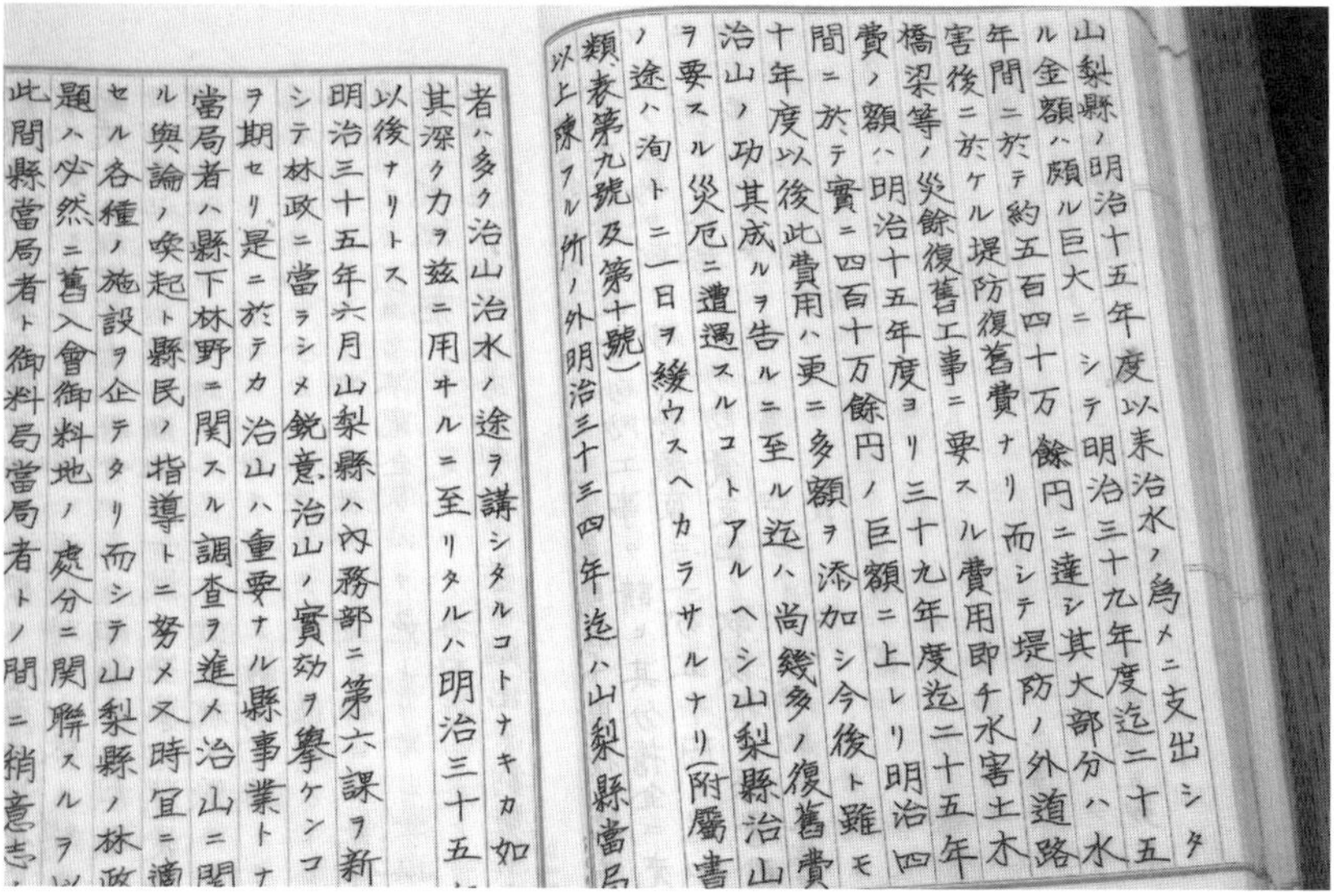
山梨縣ノ明治十五年度以来治水ノ為メニ支出シタ
ル金額ハ頗ル巨大ニシテ明治三十九年度迄二十五
年間ニ於テ約五百四十万餘円ニ達シ其大部分ハ水
害後ニ於ケル堤防復舊費ナリ而シテ堤防ノ外道路
橋梁等ノ災餘復舊工事ニ要スル費用即チ水害土木
費ノ額ハ明治十五年度ヨリ三十九年度迄二十五年
間ニ於テ實ニ四百十万餘円ノ巨額ニ上レリ明治四
十年度以後此費用ハ更ニ多額ヲ添加シ今後ト雖モ
治山ノ功其成ルヲ告ルニ至ル迄ハ尚幾多ノ復舊費
ヲ要スル災厄ニ遭遇スルコトアルヘシ山梨縣治山
ノ途ハ洵トニ一日ヲ緩ウスヘカラサルナリ（附屬書
類、表第九號及第十號）
以上陳フル所ノ外明治三十三四年迄ハ山梨縣當局
者ハ多ク治山治水ノ途ヲ講シタルコトナキカ如
其深ク力ヲ茲ニ用ヰルニ至リタルハ明治三十五
以後ナリトス
明治三十五年六月山梨縣ハ内務部ニ第六課ヲ新
シテ林政ニ當ラシメ鋭意治山ノ實効ヲ擧ケンコ
ヲ期セリ是ニ於テカ治山ハ重要ナル縣事業トナ
當局者ハ縣下林野ニ関スル調査ヲ進メ治山ニ関
ル輿論ノ喚起ト縣民ノ指導トニ努メ又時宜ニ適
セル各種ノ施設ヲ企テタリ而シテ山梨縣ノ林政
題ハ必然ニ舊入會御料地ノ處分ニ関聯スルヲ以
此間縣當局者ト御料局當局者トノ間ニ稍意志

上山の「山梨県恩賜林視察復命書」（展示コーナー」蔵）

言ヲマタズ」（上山「復命書」）という観点に立って山林行政に当たったのでした。具体的には、たとえば治水と森林経営は不可分という見地から、内務省河川治水と連携を保った森林治水事業の予算編成を行うようにしたのでしたが、これは、『農林水産省百年史』上巻（一九七九年、農林水産省百年史編纂委員会）によると、森林法で定めた保安林の制度を治山事業に結びつけ、山岳地帯の林野を保全する技術的分野を設定したこと、森林組合の設立助成をはじめたことなど、いくつもの有効な事業に着手し、「林業行政に画期的な初動を与えた」と評価されています。そして、同書はこの問題に関する上山の業績について次のように記しています。

この事業の創設に力を尽くしたのは、四一年から五年間山林局長を務めた上山満之進、当時地方課長の村田重治らであり、とくに上山は就任以来、林政の国有林偏重を改めて民有林行政に比重をかけることに意を用い、公有林問題にも着眼して内務省と協議し、これに対処する基本方針を定めた。

また、同書には林業信用基金理事長手束平三郎の言葉として、次のような記述も見られます。

明治四十年代に入って、上山満之進が山林局長に就任し、五年近くの間、民有林政策に腕をふるいます。そして新しい林政の分野をひらくことになりますが、これはいわば大久保路線にはなかった上山路線というべきものではなかろうかと思います。

なお、上山によって先鞭をつけられた治水、治山事業の基本路線は、昭和に入ってからも持続していたようで、「上山満之進、村田重治らによって明治末期に軌道が敷かれた森林治水事業と公有林整理開発は、相関連しつつこの時代に進捗《しんちょく》して、地方林政の大きな柱となった」(同右書中巻)という記載も見られます。

熊本県知事時代

一、「あくまで公平」な県政を

以上のことからみても、山林局長としての上山の足跡は大なるものがあったと思われます。その功績が認められてか、大正元（一九一二）年十二月、西園寺内閣が辞職し、第三次桂内閣が成立すると、上山は熊本県知事に任じられ、翌月着任しました。その着任の日に新聞記者に抱負を聞かれ、

熊本は政党の軋轢盛んにして、難治のところで、これに対し如何なる態度を持するかとの問いもあるが、政党の軋轢甚だしきほど、あくまで公平を勉めざるべからざるは牧民者（地方長官）の心得るべき点だと思う。難治はひとり熊本のみに限るまい。九州はある一部を除き、文化の度高きところなれば、地方先覚者等より県治につき学び得ること少なからざるを信ずる（『伝記』）。

と、一党一派に偏しない姿勢を貫くことを表明しています。あとで触れるように、上山は政党間の利害関係によって政治が左右されることを極端に嫌い、生涯、どの政党にも所属せず、一匹狼を通したのでしたが、その姿勢がここにも見られます。

しかし、現実の政治世界は理想主義者の上山が思い描くほど甘いものではなく、やる気満々だった知事は、たちまち出鼻をくじかれる事態に遭遇します。その年の六月、文官分限令第十一条第四号によって突如、休職を命じられたのでした。そして、はじめて浪人生活を味わうこととなり、しばらく郷里防府江泊に近い佐波郡富海村新地（現・防府市富海）に閑居する身となりました。

二、わずか半年でクビ

わずか半年でなぜ休職になったのか理由は分かりませんが、これより二ヶ月前に桂内閣が退陣して、政友会の支持を得た山本権兵衛内閣が誕生しており、「この政変に関係するものであることは申すまでもなかろう」と『伝記』は記しています。中央政変のあおりで、地方の県知事まで辞職させられるとは、今では考えられないことですが、上山の盟友伊沢多喜男によると、同じ時期に愛知、新潟、福島等々の反政友会系と目された知事が何人も馘首されており（『伝記』）、こういった人事はさほど珍しいことではなかったように思われます。

ただ、上山の場合、政友会に敵対する政党に所属していたわけでもありません。したがって、政争とは無関係だったはずですが、その後の上山の行動には、「あくまで公平」と言いながらも、反政友会系諸政党よりも政友会系の人物と厳しく対立することの方が多く、彼らに排斥されたのは間違いないところでしょう。しかし、当時は政友会系だけが圧倒的に優勢だったわけではなく、政友会とそれに対抗する、のちの憲政会系諸勢力は拮抗しており、政友会に敢然と立ち向かう上山の政治姿勢に拍手を送る政治家もたくさんいました。したがって、熊本県知事を半年でクビになったからといっても、それで上山の政治家、役人として活躍する芽が摘み取られたわけではありませんでした。

なお、県知事を辞職した際の上山の行動について、県会副議長の三津家伝之が述べた言葉を掲げておきましょう。上山の人柄がよく分かるように思いますので。

上山知事の任期は短く、また県会も開会されなかったので、取立て、申すほどのこともないが、左の一事は他の知事に見えないことだった。

上山知事が、休職の命を受けられるや、私と大谷議長を、官舎に一日、静養軒に一日、すなわち二日間にわたり、お呼びになって、自分は熊本を去るが、在任中調査したことがある。将来県政のために申しあげたいとて、白紙数枚に書かれた事柄につき、一々説明懇談、県政上の抱負を述べられた。官を去るにおよんで、かくも熱心に後事を語られた知事ははじめてであり、非常に真面目なかたであった（『伝記』）。

政争にからめて、こんな立派な知事を半年でクビにするとは、なんとも愚かなこととしか思えません。

農商務省次官時代

一、米騒動の渦中で

上山が浪人生活に入ってから十ヶ月後の大正三年三月、山本内閣は外国製武器の輸入を巡る海軍高官の汚職事件（シーメンス事件）の発覚により、都市民衆を中心とした抗議行動が高まり、総辞職に追い込まれました。そして、護憲運動を展開していた人びとに人気のあった大隈重信が後継首相になると、上山は、その大隈内閣の農商務大臣大浦兼武に抜擢されて次官として再び農商務省に復帰しました。そして、大臣は大浦から河野広中へ、さらに仲小路廉へとかわりましたが、その三代の下で四年半にわたって次官を務めました。

しかし、就任早々にヨーロッパで第一次世界大戦が勃発し、その影響で日本の農村社会も大きな変動に見舞われ、これまでとは違った苦闘を強いられました。また、対外政策において、日英同盟より日露の提携を重視する山県ら元老の政府批判が強まったことから、大隈内閣が退陣し、大正五年に軍閥の巨頭寺内正毅の内閣が成立し、政友会がこれを支援するようになると、上山の政治環境も次官就任当時とは大きく変貌しました。そうした中でもっとも頭を悩ませたのは米価問題で、やがてこれが引き金となって全国的規模で米騒動が発生し、内閣崩壊にまで至りました。そこで、ここではこの問題だけに絞って検討しておきましょう。

世界大戦が勃発すると、軍需品や生糸、綿織物などの輸出、それにともなう海運業、造船業、化学工業などの発展により、一時期、日本経済は空前の好況を呈しました。しかし、工業の急激な発展による工業労働者の増加や人口の都市集中は、農業生産の停滞をもたらし、米価が上昇し、都市労働者や下層農漁民は苦境に立たされました。さらに、大正七年、シベリア出兵を目前にした米商人の投機的買占めや地主の売惜しみによって米価が急騰すると、かれらの生活は困窮をきわめ、富山県魚津の漁師町の主婦たちによる県外移出米の積み込み拒否をきっかけに、米価引下げ要求の大衆行動や投機米商人・地主襲撃などの騒動が全国に波及しました。これに対して、政府は警察や軍隊まで出動させてかろうじて九月中旬に鎮圧しましたが、寺内内閣は米騒動の責任をとって総辞職しました。

ところで、このとき、政府はどのような米価対策をとったのでしょうか。まず考えられるのは、外米輸入の関税を廃止するとか、輸送の円滑をはかるとかの手を打つことで、資本家や一般民衆は強くそれを要望したのでしたが、しかし、政府はそれを実行しようとしませんでした。それをして米価が下がれば地主の利益が少なくなることを警戒したからです。

というのは、当時の農村には、大別して、自分の土地を耕作する自作農民と、直接耕作にはほとんどたずさわらないで、ただ土地を所有して小作に作らせているだけの地主と、その地主の土地を耕作して生活している小作農民がいたのですが、小作が地主に納める小作米の額は豊年でも凶年でも一定なので、小作米を売って収益を得ていた地主は、米価が上がれば上がるほど収益が増大していたからです。しかし、そうなれば米の消費者だけでなく、生産者である小作農民も困る場合が多かったのです。なぜなら、当時の多くの小作農民は、小作米を納めたあと、手元に残る米量はわずかなので、豊作の年はともかく、凶作の年は自家で食べるだけの米もなくなり、米を購入して翌年まで食いつなぐようなケースがしばしばあった

農商務省次官時代の上山満之進

からです。このような状態ですから、米価が高騰すれば困る人間が非常に多かったのですが、にもかかわらず政府が外米輸入について消極的であったのは、当時の政府は政友会との結びつきが強く、その政友会には地主階級が圧倒的に多かったからです。

それでも、民衆の不満の声は高まるばかりなので、農商務大臣は暴利取締令を発して危機を乗り越えようとしました。米相場師の法外な投機を中止させれば不自然なまでの物価高騰を抑制できると考えたからです。しかし、地主とくに大地主は、莫大な小作米を手元に確保しており、取締令で相場師を威嚇しても、「効果はきわめて限られざるをえず、干渉のやりかたによっては、かえって地主の投機的売り惜しみを助長」するばかりだったようです（井上清、渡部徹『米騒動の研究』一九六四年、有斐閣）。

こうした仲小路農相の対応のまずさに対する世間の風当たりはきわめて厳しく、米価を下げるには「無能相」の辞職が先決で、「そうすれば自然に米は下がる」とまで言われたようですが（同右書）、では、この「無能相」と言われた仲小路農相の下で次官の上山はどのような動きをしていたのでしょうか。残念ながら、それにについて私は詳しい知識を得ていません。ただ、確かなことは、この仲小路農相ときわめて不仲で、ことごとく対立していて、上山の意見を大臣が採用することはほとんどなかったことです。そのことは、上山が依願退職直前の大正七年九月二十一日に「留任二年の回顧」（「展示コーナー」蔵）と題して罫紙二十五枚にしたためた手記からも判明します。

上山は、仲小路農相の下で次官を務めた二年間の思いをこの手記に率直に記していますが、そこにはたとえば次のような記述が見られます。

彼と余とは互いに相嫌悪《あいけん・お》なり。そのことすでに久し。余の彼を厭ふは彼の性情の陋劣甚《ろうれつはなは》だしきとその事に当りて狂態多きがためにして……（中略）彼は細大自から用いてその能に誇らんとするの習癖あり。故に事に当りてやこれを聴くことを好まず。かえって外間の甲乙を私邸に招きて探偵的問訊をなし、もって浅薄なる知識をえ、これによりてその意を決し、すなわち下僚に対して自家独創の態を装い、一同その命に従せしめむとす。そもそも職権の分配を尊び権限の領域を守るは官吏の本能を発揮せしむる根基なり。しかるに彼のなす所かくのごとし。法律案の要目、局長の任免等の大事にありても、農相は毫も次官と謀ることなくして、早暁暮夜人を招きて私見を問い、その庁に上るや昂然としてその決する所を次官に告ぐ。余異議を挟まん、すなわち決眦《けっし》して怒号し、嘗て言を尽くさしめず。

二、無視された上山案

右の一文からだけでも、上山の意見がまったく無視されていたことが分りますが、ではこの農相に対して上山は米価問題でどのような意見を主張していたのでしょうか。右の記述に続く次の文章からそれが少しは読み取れます。

近年物価の騰貴は時局に伴う通貨の膨張を以て第一の原因とするは天下識者の諸説一致する所にして、通貨の増発を放任し別に物価調節の途を講ぜんとするは腫疵《はれきず》を治するに切開の術を避けて按摩を用いるがごとし。……（中略）単に米の価格のみを調節せんとするはすでにその当をえず。しかるに大蔵省は物価騰貴の主因は買占・売惜にありと、通貨膨張のごときはむしろその原因にあらずして結果なりとなし、大蔵大臣は世にいわゆる暴利取締令なるものを起草して農相に与え、功名に早急なる農相は毫も僚属の審議を経ることなく一令の下に農商務省令として発布し、もって傲然《がぜん》天下に臨めり。……（中略）本年四月、彼は外米管理の政策を行えり。外米専売のことたるや余が年来の主張にして昨年米価問題が起るや、まずこれを進言し、他の僚属またこれを口にせるもの二三にして止まらず。

以上のところからも明らかなように、上山は米価の調節には通貨の膨張を抑えるべきと考えていたようですが、これは憲政会系の政治家も主張していたところで、その点からも大臣は上山の意見を受けつけたくなかったのでしょう。また、上山が暴利取締令に対して反対であったことも右の手記から読み取れます。

今ひとつ、上山がこの時期に常平制度の採用を主張していたことが、大正十五年の自著『米穀問題』から分かりますが、この制度については次項で述べることにしましょう。

それにしても、同じ省内で、しかも同郷人（仲小路は徳山出身）でありながら、大臣と次官がこれほど不仲で、次官の言い分に大臣がまったく聞く耳をもたなかったとは容易には信じがたいことで、上山の発言も疑ってみる必要もあるような気もしてきますが、しかし、第三者の証言からみても大臣の言動の方が異常だったとしか思えません。たとえば、このころ上山と同じ職場にいて、のちに農林大臣になった石黒忠篤の語るところによると、仲小路大臣は「非常に気性がはげしい」人で、米騒動の際も、暴利取締令をなぜまだやらないのかと大臣から問い詰められた内米課長が、「次官がもう少し考えなければならんところがあるそうですから」と返答したところ、「なに次官？　あの外道《げどう》が！」と言ったそうですし（〝対談農政七十年の思い出」大竹啓介『石黒忠篤の農政思想』一九八四年、農山漁村文化協会）、また、当時の多くの新聞でも仲小路の姿勢を酷評しています。たとえば「大阪毎日」（大正七年八月十八日付）には以下のような記事が載っています。

現農相仲小路氏は行政の手腕なき人なり。特に経済の知識に皆無なる人なり。いわんや物価の調節、国民生活の安固を図るにおいてをや、従来彼のなす所一々これを証明するにあらずや。物の物価を調整し価格の自然的制定を期せんがためにここに取引所の設立あり、これが監督及びその運用の適切なるを期せんがために取引所法あり。しかるに現農相は、この取引所を閉鎖して自然の調節機能を失わしめ、自ら机上に案出したる価格をもってこれを全国に強行せんとし、売買両者合意の価格及び取引を許さず、強いて自ら定めたるところの値段をもって取引を行わしめんとす。近頃米穀取引所の休会及び混乱は、皆この農相の我執によるものにして、彼は物の価格をもって需給配合の自然によるものにあらずとし、行政官の意志によりて自由にこれを定め得べしとするもの、これすでに経済書の第一頁をも知らず、社会、経済の性質を了解せざるものにあらずや。

これらの記事からも、非は仲小路の方であって、上山が信念をもってそれに強く抵抗していたことは明らかといえましょう。しかし、上山は責任を他に転化することをさけ、大正七年九月二十一日、寺内首相が退陣を決意すると、「農相をして米価調節の策を誤らしめ終に寺内伯の寄託を空しうせり。予また日ならずして辞表を呈せんとす」と「留年二年の回顧」の末尾に記し、その言葉通りに翌二十二日に潔く辞職しました。

第一期貴族院議員時代

一、米穀問題

米騒動の反省を踏まえて

米騒動の責任をとって仲小路農相に辞表を提出したその日に、上山は貴族院の勅任《ちよくにん》議員に任じられました。貴族院とは、戦前の帝国議会の上院で、衆議院と同格の関係にありましたが、予算先議権は衆議院がもっていました。非公選の皇族議員、華族議員、勅任議員によって構成され、解散はなく、議員の多くは終身任期でした。

これ以後、上山は政界人としてこれまでとは違って幅広くさまざまな分野で活躍することになりますが、それでも、もっとも力を入れて取組んだのは、農商務次官時代に苦労した米穀政策についてでした。それは、米騒動での苦い経験から、これこそが国民生活を安定させるうえで最重要問題と考えていたからで、そのことは、のちに著した『国民生活の安危』および『米穀問題』の二書の冒頭にそれぞれ「農商務省在職中、私は大正三、四年の米価の暴落と六、七年の暴騰とに遭遇してつぶさに辛酸をなめた。爾来、米問題は常に私の神経を刺激する」と記していることからも理解できるところです。

上山には、米騒動は天災ではなく、対処方法を誤った人災によるものだったという思いが強く、その誤りを早く是正することが米騒動に直接関わった自分の使命と感じていたようで、官界を退くと直ちにその行動を開始しています。たとえば、「日記」によると、上山は早くもその年の十二月七日に元老の山県有朋を訪ね「人心ノ帰趨ヲ誤マラザラシムル」の方策として「通貨ヲ収縮シテ物価ヲ調節スルノホカナキ旨」を進言していますし、また、同月十日にも山県邸で「公時ヲ憂ヘテ親近を会シテ意見ヲ交換」する会をもち、平田東助、清浦奎吾、田中義一らの前で、同じく「通貨ノ収縮」の必要性を強調しています。この上山の持論は仲小路大臣の下では実現をみませんでしたが、しかし、心ある知識人の中には上山の米穀理論に注目する人も少なからずいたようです。その一人が民本主義者として名高い吉野作造で、大正十一年夏、上山は一面識もなかった吉野から突然に書面で著述を依頼されています。それにこたえて上山が同年十一月に刊行したのが『国民生活の安危』(文化生活研究会出版部)で、これには米騒動期の農政の反省を踏まえて、米穀政策のあるべき姿を論じています。そこで、この書物で上山がとくに強調している点をいくつか以下に紹介しておきましょう。

「豊年には小作喜び、凶年には地主喜ぶ」矛盾

本書で上山がまず根本問題として強調したかったのは次の点です。

①日本の米価は暴騰暴落の繰返しで、常に激変しており、その調整は国民生活安定のための急務である。

②その調整は、国民全般、つまり生産者、消費者双方のためになされるべきで、一方のみの利益のためであってはならない。

③同じ生産者でも、先に述べたように地主と小作農民とは利害関係が対立することもあるが、その一方のためだけの調整であってはならない。

④米価政策は、その時々の急場しのぎに安易になされるものではなく、永久に米価の平準を確保するに

たるだけの根本制度でなくてはならない。
⑤その根本制度をつくるには、米価の問題だけでなく、日本経済全般から考えていかなくてはいけない。
以上のことは、だれが考えても当然のことのように思われますが、にもかかわらず上山がこれらのことを強調したのは、実際には一方のみに偏している場合が多かったからです。なかでも、上山が本書の前半部で格別力点を置いて言いたかったのは、③の地主と小作で利害関係が対立する問題です。というのは、先にも記したように、小作米の額は一定なので、凶作で収穫米が少ないと米価が上がり、地主はそれを売ることによって利益を得ることが出来るけれども、小作の方は、わずかの収穫米から例年と同じ額の小作料を地主に納めると、手元に残る米はわずかで、翌年の秋まで米を購入して食いつなぐという苦労を強いられますが、逆に豊作ですと、米価は下がるけれども、小作は小作料を納めてもなお手元には翌年まで食いつなぐ米があるだけでなく、残りの米を売ることもできることから、「豊年には小作喜び、凶年には地主喜ぶ」という、奇妙な現象があることに上山が気付いたからです。はじめてこれに気付いたのは農商務省を辞した大正八年のことで、そのことは「吾輩を大いに驚かし、かつまた深く嘆息せしめた」と告白しております。本来ならば、生産者はいずれも豊作を喜び、凶作を悲しむはずなのに、そうならない矛盾した、不健全な生産構造では、国民生活の安定はあり得ないと感じたからでしょう。

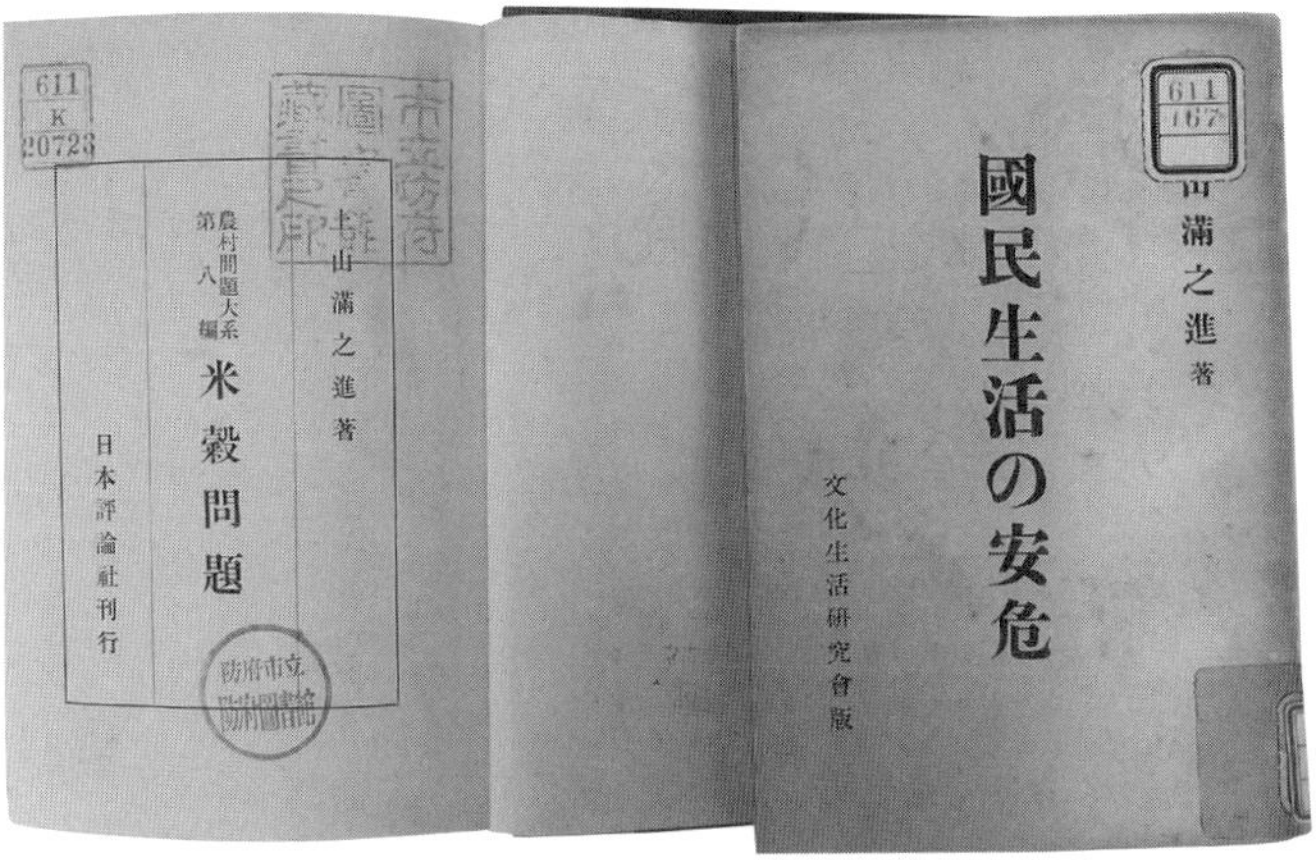

大正期の上山の二著書（防府図書館蔵）

　そして、こういう状況にありながらも、それを改善しようとしないで、地主に有利な農政を続ける政府の姿勢を批判するとともに、これを放置しておくと小作争議がますます激化し、ゆゆしき事態になるとの警鐘を発しています。

では、どうすればよいのか、それに関する上山の見解が後半部で述べられています。そこには上山自身、頭の中で考えているだけで、具体的な方策はまだ十分に煮詰まっていない部分もありますが、米問題には、第一に供給増加、第二に需要調節、第三に米価調節の三つの施策がそれぞれ関連をもって推進されるべきという観点から縷々論じています。

たとえば、第一の供給増加については、朝鮮米、台湾米の輸入を促進すべきことを説くが、それ以上に重要なこととして、上述した小作制度の改革を強調しています。それは、小作農家は全農家の中で七割を占めるほどの数で、わが国の食糧増加はかれらの生産力、生産意欲の向上なくしてはあり得ないことは明らかであるにもかかわらず、かれらは著しく過酷な生活を強いられていて、改良進歩どころかますます悪化の傾向にあり、早く方策を講ずべきことを強調しています。そして、注目されるのは、小作と地主の立場について、「小作農は土地こそ借りものであるが、原料、器具、機械その他いっさいの資本を自分で調達し」、「自から農業なる事業を経営するもの」であるのに対し、地主は「工場主に資金を貸している銀行家」のようなもので、いやしくも小作問題を取り扱うものはこの点に留意すべきことを力説しています。つまり、小作農の人権をもっと尊重した農政を行うべきというのが上山の基本姿勢だったようです。というのも、当時の小作契約は、口頭契約で、期間の定めもなく、いつでも解約可能で、非常に不安定な状態が一般的だったからです。

ただ、この時点では上山もまだ制度面での具体案までは出し得ず、「小作人をして、ここに至らしめた原因を考えるとその罪の一半は国家と地主が負わねばならぬ。そこで、吾輩はまずもって地主の反省自覚を要求するものである」と言うにとどめています。

第二の需要調節については、酒造用原料に米以外のものを用いる方法はないか、また、米の代用食品はできないかといった問題を提起しています。当時は、夢みたいな発想と思った人も多かったことでしょうが、現在からみれば、これは先見の明のある発想だったといえましょう。

第三の米価調節としては、これまでの歴史からみて、米価の上昇は通貨の膨張による一般物価の上昇と密接に関連していることは明らかであり、米価抑制の手段は、第一に通貨収縮に求めるべきで、ただ米価の引き下げのみをすべきではないことを強調しています。

また、もっとも適切な米価調節策として、大正十年に制定された米穀法によって成立した常平制度を高く評価し、「常平制度にしくはなしと確信する」と言っています。常平制度とは、米量過剰なときは買入れて貯蔵し、不足のときはそれを売出す制度で、これは生産者、消費者双方に公平である、とその成立を歓迎していますが、同時にこの米穀法には、外国米管理の制度が伴っていないことなど、重大な欠点のあることも指摘しています。

さらに、常平制度も、いくら以上から暴騰、いくら以下から暴落と判断するか、その調節基準の設定が重要であるが、それが設定されておらず、大正十年の場合、「米買入れは何らの基準もなく、ただ当局者と委員会との〈感じ〉で実行」されたとして、制度の運用の仕方を厳しく批判しています。

小作農重視の政策を

では、いかにしてその基準を設定すればよいのか、上山はこれにつき、はし折って簡単に言えば、米価、一般物価、米生産費、賃金その他を材料として中正米価点を評定し、これにある程度の値開きをもたせ、米の市価がその上の数値（暴騰点）より上がれば米を売出し、下の数値（暴落点）より下がれば買入れるという、独特の方式を腹案として掲げています。もちろん上山とて、中正米価点の正確な算出が簡単に出来るものではないことも十分承知していて、「かかる事業はかならず政府が各方面の適材を糾合して調査に着手せねばならぬもの」と考えていたようです。そして、この腹案を「当局に進言したこともあるが、いまもって着手の曙光さえ見えぬのは遺憾千万である」とも記しています。

最後に上山は、米穀法には米価の暴騰抑制の「実行に欠くべからざる外米管理が許されていない」ことを取りあげ、「米穀法は米価釣上げには忠実であるが、引下げにはすこぶる冷淡である」と、その欠陥を指摘して稿を閉じています。要するにここには、米穀法は米価が上がることによって利益を受ける側のものにとって有利な法で、逆の側のものには不利な法であることが強調されているのですが、利益を受ける側とは地主で、不利な側とは消費者（とくに下層の消費者）と凶作時の小作農であることはこれまで述べてきたところから明らかです。こういった地主側だけに有利な制度であってはダメだというのが上山の一貫した姿勢だったと私は思います。しかし、上山の考えが十分に反映されなかったのは、当時の政権が地主層をバックとした政友会と深く結びついていたからで、これ以後、上山はますます政友会の議員から疎まれる存在となっていったのでした。

盟友柳田國男との共通ヴィジョン

これに関しては後でまた触れますが、今ひとつここで述べておきたいのは、上山が右のような小作農保護の主張をした学問的背景についてです。すでに見てきたように、早くから平等意識の強かった上山が、小作農保護の立場をとったのは当然と考えられますが、単に感情論からではなく、農政学のうえからもこれを論じたのでした。そこで、ではそういう学問をどこで得たのかですが、ここで想起されますのが、これまで何度も記した盟友柳田國男のことです。柳田は若い時分――法制局・農商務省時代――民俗学に転ずる前は農政学者で、名著『時代ト農政』をはじめいくつもの農政関係の論著を発表していますが、そこには貧困に悩む小作農救済の思いが強く込められていました。

「はじめに」で記しましたように、上山はそんな柳田と昵懇の間柄で、二人は「仲間をそっちのけにして」、「多数無名の常民」に思いを馳せて語り合っていた（十四頁）というから、小作農問題に関してもしばしば話題にしたに違いありません。その場合、父親が儒者で医者だった柳田よりも、代々若干の田畑と数枚の塩田持ちの家に育った上山の方が、小作農の実際の生活については詳しい部分も少なくなかったでしょうが、しかし、柳田は博覧強記、「知の巨人」と呼ばれたほどの人物ですから、上山の方も柳田から学ぶところ多かったことと思われます。

具体的に一例をあげましょう。前々項で「常平制度」についての上山の考えを紹介しましたが、これは柳田が早い時期から着目していたところです。中国にも日本にも古くから「三倉」という言葉がありました。それは、義倉、社倉、常平倉の総称です。このうち、義倉、社倉は凶年に備えて穀物を貯蔵しておく倉庫ですが、常平倉はこれらとやや異なって、穀物の値段を平準化することを目的に穀物を貯えておく倉で、豊凶の程度に応じて常平米を適宜買置き、売払いする貯穀制度が常平制度です。

これらについては、柳田の前掲『時代ト農政』で詳しく説明されていますが、注目したいのは、柳田が明治三十三年に東京帝大法科大学へ提出した卒業論文が「三倉の研究」だったことです（「柳田國男の志」〈http://homepage2.nifty.com/k-sekirei/otaru/yanagida_06.html 二〇一五年七月一八日閲覧〉）。このことだけからでも、柳田が若い時分から「三倉」の意義をきわめて重視していたことは確かでしょう。とすると、二人の会話でもしばしばこれが話題にのぼったことも想像にかたくないところです。おそらく博学な上山のことですから、柳田から教えられるまでもなく、「三倉」、とくに常平倉の有効性についても熟知してはいたでしょうが、柳田との会話を通してさらにその機能の大きさに気付かされ、常平制度をいっそう高く評価するに至ったのではなかろうかというのが私の推論です。

それはともかくとして、二人が常平制度に注目したということは、貧しい小作農の救済にこれが不可欠という認識を共にもっていたからで、この点からも二人の農政に対する考え方の共通性が読み取れるような気がします。また、地主が米の供給制限によって米価引き上げを図ろうとして、植民地からの米の輸入を制限することに上山が反対したことはすでに述べましたが、柳田も同じ意見でした。これ以外にも、小作問題で二人で意見の一致する部分は多々あったように思われます。

柳田と上山の交友は晩年まで続いたようで、それは「日記」からも明らかですが、その「日記」の大正八年二月二十三日には「柳田國男の招宴ニ赴ク。今夜ハ米問題ノ意見交換ナリ」とあり、柳田が民俗学に転じた以後も二人は農政の意見交換をしていたようです。

右のようなことだけから断定するのは早計にすぎるとは思いますが、上山は柳田と農政、とくに小作問題でも頻繁に意見交換しており、互いにそれぞれから学ぶところが多く、二人は農政面でも共通ヴィジョンをもって論を練りあげていたのではなかったかという気がしてなりません。

なお、このころ上山は『国民生活の安危』に次いで大正十五年には『米穀問題』(日本評論社)を著して前著を補足し、いっそう詳述しています。しかし、ここではこれ以後、上山が米価問題に深く通じた政治家として広く注目されるに至ったことだけを述べて次へ進みましょう。というのも、農商務省から政界に移った上山は、農業問題だけでなく、国政のさまざまな分野で手腕を発揮したので、それらについても紹介しておきたいからです。

二、国家観

皇室中心の漸進的社会改良論

これまで述べてきたことからも分かるように、上山はつねに社会的に恵まれない階層の人びとを救済することに力点を置いて行動していたことは明らかです。そのために意見が異なれば、権力者に対して反論することもしばしばでした。また、マルクス主義経済学者河上肇のような人物とも親しくつき合っていました。そうしたことから、自分を危険思想家（左翼思想家）のように誤解する人もあるが、そうではないと本人は言っています。

たとえば、「思想問題の梗概と対応策」（『山口県教育』一九二四年、『論著』）の中で、各種社会主義に関する著書を読んだものは、だれしもそこで指摘されている「社会欠陥の事実の大部分を」否定することは出来ないというような発言をすることがあるので、「予を危険思想を抱くがごとく思う人があるかもしれぬが」、「それは迷惑の至りで」あって、自分は「皇室中心の漸進的社会改良論者の一人である」と明言しています。

では、上山のいう「皇室中心の漸進的社会改良論」とはどのような内容でしょうか。右の論文から考えてみましょう。ここで、上山はまず「外来新思想」という言葉を使って、新来の社会主義、共産主義、無政府主義などの思想の危険性を論じています。しかし、見落としてならないのは、これらの思想を一方的に悪・危険と決めつけるのではなく、これらが発展するにはそれなりの理由が一般社会の側にもあることを説いている点です。たとえば、どこの国にも種々の階級があり、貴賤の別はあるものの、つねに階級間の対立があるわけではないが、貴者が賤者を蔑視、圧迫するようなことがあれば「賤者は憤然として過激思想に左袒し現実破壊に熱狂する」のであり、新思想が進展するのは当然であると言っています。したがって、新思想者たちの指摘する現実の欠陥部分を改良すべきは当然であるが、しかし、彼らの理論と実行策には賛成できないと主張します。それは、彼らが説く絶対平等は、民族性の差異や人欲等が絶滅しない限り成立し得るものではない、なぜなら、それらが存在する限り、弱肉強食が横行して全体の福利は望まれないと考えるからです。そして、そこから一歩進めて、「われわれは、共存共栄のためにやむをえざる範囲において人為的差別を人類の運命として甘受し、いな、むしろ尊重せねばならない」と言い、さらに次のような論理を展開します。

①国家はそれぞれ一定域内に棲息する人類の共存共栄をまっとうするために成立・発達したものであるが、その国家間の対立は人類の平等権が甚だしく傷つけられる。しかしながら、このことを憎むのあまり、国家を否認するのは自暴自棄行為にほかならない。なぜなら、本来民族間に存在した利害感情が対峙して国家が成立したのであるから、その根本たる利害感情を除去しなくてはならないのはもちろんであるが、しかし、「これを根絶せしむることは人類に性情の存する限り不可能」なことである。

②したがって、それぞれの人類が団結して国家を組織し、国力を発展せしむることが「彼ら共同の福利を保護増進するに避くべからざる唯一の」道である。

③そこで、日本のような物質の乏しい国で国力を発展せしむることがはたして可能かどうかが問題となってくるが、幸いにも日本は物質にかわって「精神方面において偉大なる力を授けられている……（中略）それは、わが日本国が万世一系の至仁至慈なる皇室を奉戴」しているからである。

要するに上山は、日本には古くから天皇制が存在しており、日本人は他国に比類のない力を授かっている、したがって、天皇制は日本には不可欠であるという考えを以上のような論理から主張したのでした。では、なぜ日本人は天皇（皇室）からそれだけの力を授かっていると上山は考えるのでしょうか。これにつき上山は、日本では古くから「君民一族」、つまり君（天皇）と民（国民）は一つの家族を形成しているという、家族国家観が他国と比べて著しく強く、ために君民関係は血のつながった親子関係と同じで、非常に結びつきの度合いが濃密であり、「皇室は常に民と喜憂を分かちたまい、国民はとこしなえに皇室を中心として」集い、皇室の安泰なる限り日本国は不変であり、また、皇室を離れて日本国は存立し得ないと説きます。

しかし、実はこのころ上山は、このような天皇を中心とする日本固有の一体感が新思想の波及により弱体化する傾向にあることを危惧し、そのためにこの論文を書いたのです。では、その対策として上山はどのような意見をもっていたのでしょうか。

新思想への対応策

まず指摘するのは、これまでの政府当局は新思想に対する理解と決心に欠けていたということで、新思想の中にも社会改良に益するものもあれば、また逆に国家社会の存立を脅かすものもあり、その主張の理否を見極め、「益あるものは喜んで迎え、害あるは断然制御するのが国権機関の態度でなくてはならぬ」と言います。現在から考えれば、至極当然のことを述べているようにも思えますが、あえてこのような言い方をしたのは、当時は新思想はすべて悪と断じ、問答無用でいっさいの言動を封じ込めようとするケースが多かったからでしょう。

しかし、上山は思想問題は「国民の自省発奮なくしては国権の力のみのいかんともなし得ざるところである。我々は深く自から反省して大いに奮起せねばならぬ」と、力で押さえ込むのではなく、国民全体が危機感をもって対処しなくてはいけないという態度をとったのでした。

そして、具体的に国民全体が行うべきこととしていろいろのことをあげていますが、地方における教育充実の必要性をとくに力説します。その教育科目の中でもとくに「国史学に深く造詣し、さらに実際社会の事相に通暁せずしては……」と、国史学を学ぶことの大切さを強調しているのが注目されます。これは、日本の歴史を学べば、天皇（皇室）中心に発展を遂げた日本民族の輝かしい歩みと日本精神の真髄を知ることができ、それが分かれば、外来の新思想が日本にとっていかに異質なものであるかが自ずから理解できると考えたからと思います。したがって、上山は新思想が蔓延することを心配しながらも、日本人が日本の国体を正しく認識すれば、かならず新思想を阻止できると確信していたように思われます。そのことは、次の言葉からも明らかです。

わが国においては、新思想問題はかならず円満に解決せられ、わざわい転じてかえって福となり、将来の国利民福は益々発展するものと予は確信する。そは天賦《てんぷ》にうけ、歴史に琢磨《たくま》せられたるわが優秀なる国民性に信頼するからである。

このような上山の考え方に対して、楽観すぎるとしてこれを批判した人は多かったことでしょう。それは、その後、特高警察によるきわめて強引な思想弾圧が頻繁に行われたことからも推測出来るところです。しかし、上山はそのような手段を選ばず、あくまで日本人の「国民性に信頼」を寄せ、可能な限り穏便なかたちで新思想に対処しようとしたのでした。上山のいう「皇室中心の漸進的社会改良論」とはこういうものだったのでしょう。

以上、上山が大正十三年に書いた「思想問題の梗概と対応策」から、新思想への対処法を通して、その教育論の一端を紹介しましたが、それにしても、上山はなぜ天皇制にこれほどこだわったのか、不思議に感じられる人も多いと思いますので、その点について、もう少し別の角度から検討してみましょう。

「日本＝世界一の民主主義国家」

右の論文発表より四年前、上山は欧米旅行をしています。そして、帰国後、欧米での見聞およびそこで感じた日本論をさまざまなかたちで発表していますが、そこには右に述べたような日本人および日本国家に対する強い信頼感が多く見られます。次もその一例です。

欧州の君主国と日本とは国体の基礎が違う。……（中略）この私の信念は、旅行中に耳目した種々の事実によりて大いに強固になったことがある。……（中略）第一、皇統一系三千年、これは世界列国どこの国にもない、実に宇内無比である。次には君民同人種、これも世界にないと言ってよろしかろうと思う。その結果として君と臣との親しみの深いことは、どこにも日本に及ぶものがない。また同じ人種であるゆえに、国民相互の感情の融和しておることも、他国に類を見ないことであろう。……（中略）これに反して西洋では、大多数の国民は征服せられて治められているのである。この点が東西まったく趣を異にしている。征服した場合には、治者と被治者との関係を確立するためには、大いに帝王の威光を示して圧伏する必要がどうしても生じてくる。で西洋では帝王は威儀を張って国民を恐怖せしめて始めてこれを治めたのであると私は見るのである（「欧米瑣談」『論著』）。
また、西欧と日本では社会組織が大きく異なり、西欧では階級意識がきわめて強く、社会問題が激化するのは当然のことととらえると同時に、それと異なる日本に関し次のように言っています。

一言にして言えば、日本は世界中もっともデモクラティクの国であると思う。その社会組織のよってくるところは、他にも原因はあろうが、第一に国体の基礎がまったく西欧諸国と異なっていることにあると思う。皇室と国民の関係についても、欧米旅行中わが国情を比較して深き感を抱いたことがたくさんあるが……（「思想問題――東洋と西洋――」『論著』）。

以上の記述からだけでも分かるように、上山は、日本ははるかなる昔から皇統が連綿と続く同一民族（大和民族）国家で、そのお陰で為政者と国民（天皇と臣民）とが一体化しており、また国民相互も対立意識が薄く、融和的で非常になごやかな平和国家であって、その点で他のどの国よりもデモクラティクにして幸せな国家であるという国体思想を西欧歴訪によっていっそう確信したのでした。そして、その幸せな国家体制を維持するためには日本独特の天皇制の存続が不可欠であり、そのためにはこれを否定する新思想の普及は絶対に阻止しなくてはならないと考えたのでした。
さて、このような天皇制に関する上山の考えをみてきますと、国体思想という面で上山と当時の大半の国家主義的傾向の強かった政治家や官僚との間に違いがあったのかどうかが問題になってきます。たしかに先にも述べたように、新思想阻止の方法として、可能な限り穏便なやり方でいこうとする上山の姿勢は、当時の政治家の中では稀だったと思いますが、しかし、いずれの方法をとろうとも、日本独自の天皇制こそが国体の基本で、天皇と大和民族が不可分に結びついて発展してきた日本を万邦無比の平和な国家と評価し、この国体を護持するためには思想統制も辞せずとする点では、上山と当時の大半の政治家、官僚とは本質的には大差はなかったと考える人も少なくないでしょう。

そして、そのような国体観は、その後、日本こそアジアの盟主として、欧米からの侵略を防ぐために海外へ進出すべきという侵略肯定の論理を産み出す基盤となったのであり、上山もそうした思想を形成するうえに間接ながら荷担したのではないかと主張する人もありましょう。

しかし、結論的にいって、私は上山は多くの政治家、官僚と同じく熱烈な天皇崇拝者ではあったが、しかし、もっとリベラルな思想をもち、天皇観においても彼らとは一線を画する人物だったと思います。それについてのこまかい論証はすべて省略して、ここでは、やや時代が下がりますが、天皇機関説に関しての上山の見解に一言触れておきましょう。

「天皇機関説」をどう受けとめたか

天皇機関説とは、国家の統治権は法人としての国家にあり、天皇は国家の最高機関として憲法に従って統治権を行使すると説明するもので、これは明治末年ごろからの正統学説でした。しかし、その後、国家主義の台頭とともに、統治権は神聖不可侵の天皇に属し、それは無制限であるとする立場から、従来の学説に対する反対運動が軍部や政友会の一部、右翼、在郷軍人会などによって全国的に展開されました。そして、昭和十（一九二六）年には政府もこの攻撃に押されて天皇機関説を主張した美濃部達吉を神聖な国体を汚すものとして不敬罪で告訴し、著書を発禁、貴族院議員を辞職させたのでした。

この天皇機関説事件は、言論の自由を軍部、政府、右翼ぐるみで行った思想弾圧の典型的事件で、このとき学問思想の自由を守るために発言したものはほとんどいなかったといわれていますが、実はこのとき、上山は天皇機関説を有害と決めつけることに反対の発言をしていたのでした。それは、当時、岡田啓介内閣で法制局長官を務めたが、就任以前の著作が天皇機関説的であるという理由で右翼勢力から攻撃を受けて辞任に追い込まれた金森徳次郎の『私の履歴書』の次の一節から分かります。

当時、国体明徴審議会というのが内閣に出来た。私をその委員にしないという論もあったらしいが、とにかく出してもらって、そこで上山満之進さんなどが学問と政治との関係を論じ、機関説が必ずしも有害とは思えぬといわれ、正義いまだ地に墜ちずとの喜びを感じた。しかし、大勢はまったく私にとって非である（「日本経済新聞」一九五八年八月七日付）。

ほとんどの政治家が機関説について、たとえ賛成であっても沈黙していた時代に、上山は国体明徴審議会の席で右のような発言をしたというから、熱烈な天皇崇拝者だったとはいえ、国粋主義者たちの天皇観とはかなり違っていたように思われます。やはり上山は、自ら言うように「皇室中心の漸進的社会改良論者」だったのでしょう。

とはいえ、「皇統一系」の天皇崇拝を基調とする国体論は、原理的に大和民族を対象とするものであって、他民族にもそれは通用するのでしょうか。上山はこの点についていかに対応したのでしょうか。やがてそれが試される時期が来ます。

それは、昭和元（一九二六）年に台湾総督として植民地支配の最高責任者の地位につくことになるからです。そこで、次にその問題に入っていきたいのですが、その前に今ひとつ当時の上山の政治姿勢を知っていただくために言及しておきたいことがあります。それは、上山の政党観についてです。それを知っておかないと、第一次若槻内閣時代になぜ上山が貴族院議員をやめて台湾総督になったかが分からないと思うからです。

「一党一派ニ偏セズ」

これまで論じてきたことからも分かるように、上山は官僚としても政治家としても随分ユニークな存在でした。そのことから、一体、こんな人物はどの政党に属していたのか気になるところですが、実は上山は、同和会という、無所属会派議員で結成された院内会派に属するだけで、いずれの政党にも所属していなかったのです。当時は、政友会と憲政会（のちの民政党）の二大政党が拮抗していて、政権は目まぐるしく交代していましたが、上山はどちらとも距離を置いていました。対立する二政党のうち、都市市民層を基盤とする憲政会よりも、農村地主層を基盤とする政友会の政策を厳しく批判することが多かったことから、憲政会系と目されることが少なからずあったようですが、本人はそれをいつもきっぱりと否定していました。そして、一党一派に偏することなく政治を批判することが自分の常に願望しているところであることを明言しています。そのことは、台湾総督時代に記した次の手記（「進退問題に対する書簡」〈「展示コーナー」蔵〉）にも見られます。

一、政治界ニオケル平素ノ立場
（前略）予ノ平素ノ願望ハ一党一派ニ偏セズシテ政治ヲ批判スルニ存セリ。勢イ激スルトコロ、トキニ言辞ニ悔ミヲノコシタルモノナキニシモアラザルモ、自カラ守ルトコロハタダコレ至公至平ニアリ。

シカルニ当時ノ政府ハ原内閣ヲハジメトシテ政友会ヲ与党トシ、アルイハコレヲ後援トスルモノナリシカバ、予ノ所言多クソノ好ムトコロニアラズ。シタガッテ憲政会ノ喜ブトコロトナリ、世間ツイニ予ヲ目クスルニ憲政会系ヲモッテスルニイタレリ。シカレドモ予ノ心事ハ前述ノゴトクニシテ、一党一派ノ喜憂好悪ハ予ノ毫モ関スルトコロニアラズ。予ノコノ心事ハ……（中略）友人ヨリ勧誘セラレタル非政友連盟ヲ峻拒《しゅんきょ》シタルコト、憲政会要部ノ入党勧誘ヲ拒絶シタルコト等ノ事実ニ照シテ明瞭ナリ。

ここから判明するように、上山がどの政党にも属さなかったのは、公平中立な立場で政治に当たりたかったからで、政友会批判をしばしば行ったからといって、憲政会に荷担する気はまったくなかったようです。にもかかわらず、なぜ憲政会内閣の下で台湾総督についたのか、それについて、誤解を招かないよう、右の一文に続いて以下のように周到に記しています。

一、現官就任当時の覚悟

予ノ台湾総督任命ガ憲政会内閣の奏薦《そうせん》ニヨルノユエヲモッテ、予ヲ憲政会系トスルハ誤レリ。憲政会総裁タリシ加藤子爵トハ貴族院ニオケル交渉団体ヲ同ジウセル関係上、近年相知ルニ至リ……（中略）加藤歿シ若槻ソノアトヲ襲ウニ及ビ、若槻ハ一ニハ先人ノ遺志ヲ継ギ、一ニハ予トノ親交ヲ思ヒタルノ故ナランカ、予ヲ台湾総督ニ奏薦セリ。コレ全ク個人的関係ニシテ秋毫《しゅうごう》モ党派的理由ニヨルニアラズ。

若槻首相によって台湾総督に奏薦されたのは、あくまでも若槻との個人的信頼関係によるもので、憲政会に近いという、党派的理由によるものではないことをどうしてもはっきりさせておきたかったと思われます。というのも、「一党一派ニ偏セズ」を政治信条としてきただけに、憲政会にすり寄って台湾総督のポストを得たような誤解だけは断じて受けたくなかったのでしょう。若槻としても、党利党略に無縁で頑固一徹な上山こそ、難題山積の植民地政策の担当者に最適として台湾総督に選んだのではないでしょうか。上山歿後に若槻が記した追悼文からも、若い時分から上山とは意見の違いはあっても、「ソノ信念ニ忠実ナルコト頑冥トモ申スベキホドノ」人物としてその人柄を若槻が評価していたことが窺われます（「信念ニ終始セル人」『追想録』）。多くの政治家が猟官運動に血眼をあげるのは当時も現在もあまり違いはないことと思いますが、それをいっさいしないで一匹狼で生きてきた上山は、逆にその愚直さが評価され、大役が回ってきたのでしょう。

上山自身も、これを前向きに受けとめ、「狷介《けんかい》ナル予モ党派ヲ超越シタル新領土政治ニハ必ズシモ不適当ニアラザレバ、喜ンデ大命ヲ拝スルコト」（前掲「進退問題に対する所懐」）と、すでに就任前に決意したと記しています。こういう気持で、八年間の貴族院議員生活に別れをつげて、大正十五年八月に台湾に向かったものと思われます。ただ、数年前から病床にあった夫人がその前年に死去しており、心の底に寂しさを宿しながらの着任だったことでしょう。

台湾総督時代

一、台湾統治の基本姿勢

「一視同仁」

上山の台湾時代の資料は、「展示コーナー」所蔵のファイル『台湾総督在任中の文書』（主なものは台湾歴史史料研究会編『台湾近代史料』第一－第四号に翻刻されている）に一括して納められているので、以下、主としてこれによってこの時期の上山の動向をみていきましょう。

台湾が日本の統治下におかれたのは日清戦争の直後のことで、上山が台湾に着任するより三十年以上も以前のことでした。しかし、そのとき以来、日本の植民地支配に対する台湾の人びとの抵抗運動はさまざまなかたちで展開されており、台湾統治をいかに円滑に行っていくかは、当時の政府にとってきわめて重要な課題でした。

では、上山はこの課題にどう対処しようとしていたのでしょうか。それについて、『伝記』にも引用されているいくつかの上山本人の手記から検討してみましょう。

着任時の訓示で上山はまず、「台湾統治ノ要訣ハ民人ノ融合混和ヲ経トシ、文運ノ伸暢《しんちょう》、産業ノ興隆ヲ緯トス」と、台湾統治の上でなによりも大切なのは、日本人と台湾人の融和と文化の発達、産業の興隆にあると説きますが、なかでも基調となるのは融和だとし、次のように述べています。

国民ノ融和ハ国家隆昌ノ基礎タリ。ワガ帝国ガ光輝アル三千年ノ歴史ヲ有シ、国運伸長毫モヤムナキ所以《ゆえん》ノモノ、上ニ覆幬《ふくとう》厚仁ノ皇家ヲ戴キ、下ニ億兆渾然トシテ融合シ、モッテ君臣協和ノ微風ヲ発揮セルニアリ。ソモソモワガ国民ハソノ源流カナラズシモ純一ニアラズ。上古、皇別神別蛮別ノ差ヲ挙ゲタルハ文献ニ徴シテ昭々《しょうしょう》タリ。シカルニ歴朝ノ聖主常ニ一視同仁ノ恩寵ヲタレタマイ、マタワレラノ祖先ガ大イニ融合性ニ富ミタリシヲモッテ、ツイニ現今ノゴトキ国民ヲ渾成《こんせい》スルニ至レリ。予ハ台湾ト内地トノ関係ニオイテモマタ叙上ノ美風年トトモニ暢茂《ちょうも》シ、ソノ渾然《こんぜん》タル融和ヲ見ルノ日、ケダシ遠カラザルヲ信ジ、コレガ促進ノタメニ尽瘁《じんすい》セント欲ス。

ここで上山はまず、日本は古くから上に天皇を戴き、それを中心に全国民が渾然一体の国家を形成して美風を保っていることを説きます。そして次に、しかし、日本も上古の時代には部族間の差別もあり、最初からすべて平等だったのではなかった、けれども、歴代の天皇が「一視同仁」（＝すべての人を差別なく愛する）の態度で国民に接し、われわれの先祖もまたこの精神にこたえて上下が隔てなく和み、現在のような国家になった、そこで自分は、台湾人と内地人の関係もまたしだいに融和し、遠からず差別のない和やかな国家になると信じ、それを促進すべく努力していると明言します。前章で、日本が昔から天皇中心の、世界に比類ない平和国家であると上山が考えていることを紹介しましたが、その国体観で台湾統治にも当たろうとしていたことは右の訓示から明らかです。

ただ、まったく同じことを言ったのでは、台湾人には受け入れられないと考えて、少しだけ言葉をつけ加えたと思われます。それは、右の「ソモソモワガ国民ハ」から「現今ノゴトキ国民ヲ渾成スルニ至レリ」までの部分です。この部分を加えることによって、つまり、日本もはじめは部族間の抗争の激しい社会であったのが、天皇を上に戴くことで平和国家として繁栄するに至ったということを追記することによって、台湾人も天皇を崇拝すれば日本人との融合が進み、日本人並の生活の安定を得ることも可能となるという論理をつくりあげ、それによって現地住民と日本人との融和を図ろうとしたと思われます。

そういえば、たしかに日本神話では、大和朝廷の成立までには各地で種々抗争があり、けっして最初から平等で平和な国ではなかったように描かれています。しかし、だからといって、天皇を上に戴くことによって「君民協和ノ美風」のある国を成立させることが出来るという、日本神話から導き出された論理が、他民族に対してどれだけの説得力をもったでしょうか。彼らにしてみれば、これは大和民族による台湾統治を合理化するための勝手な論理＝詭弁にすぎないとしか思えなかったにちがいありません。したがって、この点では上山も他の植民地統治の責任者と同じく、台湾の人びとの怒りを買うことは免れ得なかったことでしょう。

台湾の人びとの信仰尊重

しかし上山の場合、注目されるのは、台湾の人びとに対し強圧的にのぞむことを強くいましめ、現地人の生活にも心をくだいていた点です。たとえば、台湾統治の方法の一つとして「漢（漢民族）蕃（原住民族）二族ノ既得利益ノ保護」（「台湾在職中備忘録」）をあげていますし、また、日本神話を基調に民族融和を説きながらも、台湾の人びとの信仰を軽視、蔑視しないで、これを尊重すべきことを強調していることで、次のような言葉も見られます。

他ノ信仰ヲアザケルニ邪道迷信ヲモッテセルハ古今東西ノ通弊ナリ。信仰ハ各人ノ神聖ナル自由ナレバ、オノレノコレヲ信ズルト否トヲ問ハズ他ノ信仰ハ尊敬セザルベカラズ。ユエニ他人ノ信奉セル廟宇殿堂等ニ対シテ相当ノ敬意ヲ表スルノ風ヲ興スハ、高尚ナル国民性ヲ涵養スルノ途ナルベシ（「台湾施政方針に関する訓示草稿」）。

差別についても、次のように言っています。

融合ノ観念ハ平等ヲモトトス。シコウシテワガ在台三民族ニハ、優劣貴賤ナシ。世アルイハ三者優劣ヲ説クモノアリトイエドモ、本官ノ所見ヲモッテスレバ、民族ノ本質的品等ニオイテ三者ニ差別ナシ。タダ歴史ト環境トニシタガイテ、アルイハ風俗習慣ヲ異ニシ、アルイハ文化ノ遅速ヲ来シタルニ過ス（同右）。

古くから天皇制の存在した日本民族の方が優秀だとは言っていないのです。

もちろん、これらの言葉だけから、上山の治世をすべて台湾の人びとの立場に立って行ったものと考えることはできません。あくまで上山は大日本帝国を代表する植民地政策担当の最高責任者で、植民地支配をいかに円滑に推進するかに常に腐心しており、その一環として台湾の人びととの摩擦回避のためにそれぞれの政策も出されたわけで、その言葉のみをもって上山を過大評価してはなりません。しかしそれにしても、有無を言わさず、強圧的に上から現地の生活様式や文化を破壊させ、日本の信仰、日本の言語を押しつける植民地支配者の多かった時代にしては、上山のやり方はまだ現地の人びとへの思いやりのある方法だったのではないでしょうか。

たとえば、寺内総督の朝鮮政策が憲兵警察制度を朝鮮全土へ網の目のように張りめぐらして、朝鮮人からすべての権利を奪うものであったことは有名ですし、また同じ台湾でも、上山以前の佐久間総督の時代には、山地先住民族の居住地域を縮小して中央山脈の山間部に閉じ込めたり、また上山以後には皇民化運動を強力に進め、日本語常用語運動、偶像・寺廟の撤廃等が行われるとともに、台湾の宗教を迷信の類ときめつけ、日本人によって建立された各地神社への参拝が強要され、大きな反感を買ったのでしたが、それらに比べると、上山にはもう少し現地の人びとに対する思いやりがあったのではないかと私は思うのです。

台湾文化協会との意見交換

上山が台湾に着任して三週間後の八月三十日、台湾文化協会の主立ったメンバー五人が総督府に上山を訪問しています。

台湾文化協会とは、「台湾文化ノ発達ヲ助長スル」ことを目的に掲げて大正十（一九二一）年に設立された民間団体で、一〇〇〇余名の会員を集め、総理には林献堂、理事には、のちに献堂と共に台湾民衆党を結成する蔡培火ら四十一人が名を連ねていて、「台湾人の民族的な自覚の喚起に努め、台湾議会設置請願運動の台湾における実質的な推進母体でもあった」（伊藤潔『台湾――四百年の歴史と展望――』一九九三年、中公新書）ようです。

当日、上山を訪問したのは、右の林献堂、蔡培火のほかに三名の文協理事でした。そのときの様子を、「上山総督ト台湾文化協会幹部トノ会見ニ関スル記録」（「展示コーナー」蔵）からたどってみましょう。

最初に発言したのは総理の林献堂で、自分たちの行おうとする事業は政治運動と文化運動の二つで、まず政治運動では台湾議会をもつことであるが、その政治運動において、「我々ニハ国家ニ反逆ヲナス考エハ毛頭モコレナ」きにもかかわらず、自分たちの運動を「国家ニ対シ反逆ヲナス者ノゴトクニ」考えるものがあり、そのためにひどい目にあったことがあるし、また文化運動も、台湾人の文化向上を目指す必要からの行動であるにもかかわらず、「イロイロノ誤解ヲ受クルヲ遺憾トシツツアリ」と、自分たちの運動を理解してもらえないことへの不満を述べています。

次いで、林幼春（文協協理）が以下のように言っています。

台湾ニオイテ内地人、台湾人ヲ差別シテオリナガラ親善ヲ説クトイウコトガ自分ノ憤慨ニ堪エザルトコロナリ。マタ官辺アルイハ民間内地人ノ側ニオイテハ、過激ナル思想、極端ナル考エヲ懐抱《かいほう》スト見テオル者ニ対シテハコレニ接触セズ。ソノ意見、考エヲ聞カヌトイウコトガ私ノ不平ニ堪エザルトコロナリ。……（中略）自分ハ、自分タチニ対シテモ接触シテ、我々ノ意見ヲ聞キ、我々ノ考エヲ知ルヨウニシテモライタキ希望ヲカネテ有シオル者ナリ。

口で親善を説きながら、実際は台湾の人々を差別している内地人の態度を厳しく批判しています。こうした二人の発言に対し、上山は以下のように述べています。

スデニ今日ノゴトク一国ヲナシタル以上ハ、ドコマデモ国全体トシテ国利民福ヲ進メザルベカラズ。自分ハ職務上コノ目的ニ向カッテ進ミタシト思ウ。台湾ノ独立トイウガゴトキ事柄ハ自分ノ職務上ニオイテハ勿論、カクノゴトキ行動ヲ容認デキズ。ソノウエ個人トシテモ、台湾ノ独立ハ事実出来ル事柄デハナシ。カクノゴトキ行動ヲナスコトハ、決シテ本島人ノ利益ニアラズト固ク信ジオレリガユエニ……（中略）自分ハ差別ヲ目的トシテ差別スルコトヲナサズ。相当ノ理由アル場合ニ差別スルコトハマコトニヤムヲエザル事柄ナリト思エドモ、差別ヲ目的トシテ差別スルコトハ自分ハコレヲナサザル考エナリ。

政治上、社会上ノ問題ニツイテ改良スベキ事柄ハイズレノ国ニオイテモ、イズレノ時ニオイテモ甚ダ多シ。……（中略）シカシナガラ急激ノ変革ヲ行ウコトハヨロシカラズト信ズ。……（中略）改革改善ハ徐々ニコレヲ行ウベキモノト信ジオレリ。……（中略）自分ハ只今述ベタルゴトキ考エヲモッテ行政ヲ行ワント欲ス。自分ノ部下ニモヨクコノ考エヲ了解セシメ、モッテコトニ当ラシメント思ウ。マタ部下ノ者ニ対シテハ誤解ヲモッテ諸君ニ対セザルヨウ戒飾《かいちょく》セザルベカラズト思ウ。シカシ、自分ハ諸君ノ意見ハヨク了解シオレドモ、諸君ノ幕下多数ノ者ノ中ニハ、急激ナル変革ヲ主張スルガゴトキ言動ヲナス者アルヤニ聞キオレリ。諸君等ハヨクコレラニ対シ、イヤシクモ誤解ヲ生ズルガゴトキ言動ナキヨウ戒メテモライタシ。

自分ハ意見ノ相違セル人ナレバトテコレニ面会セヌトイウガゴトキコトヲナサズ。万一、ソノ人々ノ言動ガ安寧秩序ヲ害スルガゴトキモノアラバ、国権擁護ノタメ相当ノ措置ヲトルベキハ勿論ナルモ、単ニ意見相違ノユエヲモッテ面会ヲ避クルガゴトキコトナシ。

二人の協会幹部の発言に見られる、内地人に対する不満は、多数の台湾知識人の気持を代弁する、率直な発言だったと思われますが、この不満に対して上山もまた率直に自分の見解を述べていたことが右の対話から読み取れます。すなわち、総督としての職務上からも、また個人としても容認できないものは出来ない、とくに、「改革改善ハ徐々ニ」行うべきという立場から、「急激ナル変革」は認められないと正直に言ったうえで、「差別ヲ目的トシテ差別スルコトヲナサズ」、「意見相違ノユエヲモッテ面会ヲ避クルガゴトキコトナシ」と、可能な限り彼らのために努力することを誓っています。

この程度の対話で彼らの不満が解消したとは思えませんが、ただ、はじめての会合でこれほど率直に意見交換が出来たことを彼らも喜んだようで、最後に林献堂は「自分等モ御趣旨ノゴトク民心ノ一致、融和ニ力ヲ尽クシタキニツキ、御了承願イタシ」と述べています。この言葉にどれだけの本心が込められていたかは分かりませんが、いずれにしろ、彼らが着任したばかりの上山にかなり好感をもったのは確かだったように思われます。それは、上山には、いわゆる「アメとムチ」を思わせるような態度がなく、台湾統治の任にありながらも、為政者には珍しく、台湾の人々に対して温かい眼差しをもって接しようとしていることを、この場の雰囲気から感じ取ったからではなかろうかと私には思われてなりません。

しかし、それだけに彼らは上山に期待を寄せたでしょうが、はたして期待通りの結果が得られたのでしょうか。残念ながら、上山の着任によって、彼らの環境が好転することはきわめてわずかだったとしか思えません。そのことは、当時の台湾の状況について記した矢内原忠雄の次の手記からも感じられます。

矢内原忠雄の見た台湾の実態

のちに東大総長となった矢内原は、上山の台湾着任の翌年、日本植民地の現地調査の一環として台湾を訪れ、前記の蔡培火ら民族運動に携わっていた多くの現地人と接して彼らの思想、政治状況をつぶさに観察して「台湾における政治的自由」と題する一文を発表していますが、そこには次のような記述が見られます。

気候風土の案外良いことよりも、政治的関係の想像以上に専制的なことである。台湾にすべてのものはある。ただ、政治上の自由を欠く。田総督の時にスタートせられし総督府評議会はその後まったく開かれず、州および街庄の協議会は毎年開かれてはおるが、甚だしく不徹底なものである。……（中略）総督府の政治に対する批評は最も嫌忌せられている。……（中略）台湾には言論の自由がないのみならず、言論の機関もない。台湾人は言論機関を許されていない。彼らは口のない民衆だ（「帝国大学新聞」昭和二年五月、『矢内原忠雄全集』第二十三巻）。

非常に厳しい言葉が並べられていますが、これが当時の台湾の実態だったのでしょう。したがって、上山によって状況が変わったなどと安易に考えてはならないのはもちろんのことです。ただ、敢えて言えば、矢内原の書いたものには、伊沢や田などの総督を批判した文言は見られますが、私の知る限り、上山批判の言葉は見当たりません。

また、昭和五年に書いた「台湾民族運動」（『矢内原忠雄全集』第二十三巻）には、台湾人民族運動の機関誌『台湾民報』は、はじめは総督府が台湾での発行を許さなかったので、東京で発行していたが、「昭和二年に至りようやくその発行所を台北に移すことを許され」たことや、左右両派に分裂した民族運動のうち、左派の新文化協会は総督府によって弾圧されたが、旧文化協会派系統の林献堂、蔡培火らの台湾民衆党に対する取締りはやや緩くなったことが記されています。こうした民族運動に対する総督府の態度が少しばかり軟化したのは、「急激ナル変革」は否定するが、「改革改善ハ徐々ニ」行うことを誓っていた上山の政治姿勢が少しは影響していたのではなかろうかという気もします。

こうした私の考えに対し、この時期の改革改善は上山個人の力量によるというよりも、日本政府の植民地対策の変化によるものと解する人の方が圧倒的に多いと思います。というのは、大正六（一九一七）年のロシア革命以後、植民地解放、民族独立の声が各地に起こると、その世界的潮流の中で、日本政府も台湾総督をこれまでの武官から文官に切り替え、柔軟路線に転じたと言われているからです（前掲『台湾』）。私も、現地人の抵抗力を和らげるために、政府がこうした政策変更を行ったのは確かなことと思います。

ただ、上山の場合、単に現地人の日本政府に対する抵抗力を弱めることだけが目的で改革改善を行ったのでしょうか。もしそうだったとすると、上山の言動もすべてスタンドプレーにすぎなかったということになります。

しかし、私は上山は当時の他の政治家以上に自分の配下の現地の人びとに対し温かい気持をもっていたのも事実と思います。それは、上山が台湾を去るとき、また、去ったあとの行動からも明らかなところです。そこには、台湾を愛してやまなかった上山ならではの態度が見られました。しかし、それについては少し後で述べることにして、その前に、上山の周辺で起こったある出来事に関して触れておきましょう。それによって、上山の人となりがいっそう明らかになると思いますので。

二、上山排斥運動

政友会の人事介入

上山の総督時代の最大の業績は、昭和二年四月、鈴木商店への不良貸付けに端を発し、破綻寸前にあった台湾銀行の危機を「不動の信念と勇断果決とによって、見事に切り抜けた」（『伝記』）ことといわれています。したがって、これについても記述すべきですが、この問題は『伝記』で詳しく紹介されているので、ここではすべて割愛して、別の事件について記すこととします。

別の事件とは上山排斥運動のことです。上山は台湾銀行救済のため東奔西走、やっと危機を乗り越え、その功績を多くの人が絶賛したのでしたが、その直後に上山排斥の運動が起こりました。驚いたことに、それは統治されていた台湾の人びとからではなく、ときの政権の中枢から起こったのでした。

これよりさき、上山を台湾総督に奏薦した憲政会の若槻礼次郎内閣は、台湾銀行問題による混乱の責任をとって総辞職し、かわって政友会の田中義一内閣が成立しました。上山排斥事件は、この田中内閣の下で起こったことで、『伝記』にもこれについて記述されてはいますが、ただ、『伝記』が書かれた当時はまだ関係者が多く生存しており、それらに気を遣ってか、人名に伏せ字はあるし、遠慮して書かれたと思われる部分が少なくありません。しかし、「展示コーナー」にはこれに関する史料が多数保存されており、そこには上山の人柄だけでなく、当時の政界の体質を知るうえで示唆に富む記述も見られますので、少しばかり触れておきましょう。

ことの発端は、台湾銀行問題が一段落した五月末に、総督府の人心刷新のために上山が作成した人事異動の腹案の内容に政府高官がいろいろとクレームをつけたことでした。なかでも、台南州知事の喜多孝治を更迭させるつもりでいた上山の案に法制局長官や農林大臣らが強く反対したのに対し、上山が頑としてこれを拒否したことから、問題がエスカレートしていったのでした。

上山が六月二十五日に首相邸執事に手渡した書状「台湾人事異動問題ノ経過」によると、上山は五月下旬にまず人事に関する意見を田中首相に述べ、喜多の免官についても了承を得たうえで、本人に伝え、本人も承諾したので、手続き上、なんら手落ちはないにもかかわらず、高官らが反対するのは納得できないとして、腹案を二十一日の閣議に上程するよう高官たちに依頼して回りました。ところが、前田法制局長官は「喜多ハ自分ノ知人ナリ、政友会内ニ他ニモ知人アリ、カネテ本人ノ希望モアレバ、ソノウチ内地ニ転任セシメタシ、ソレマデ免官ヲ猶予シテモライタシ」と、政党エゴむき出しの発言をするし、鳩山翰長も「喜多問題ヲ撤回スルノ意ナキヤ」と、上山の言葉に貸す耳をもたず、ラチがあきません。

しかも、肝心の田中首相は病気中で閣議に出席出来ない状態で、閣議は開かれません。しかし、上山はあくまで自説を貫く決心をし、右の首相宛の書状の最後に次のように記して、自分の見解の正当性を強く主張し、首相に適確な判断を促しています。

目下物議ヲ生ジツツアル喜多問題ハ前述鳩山翰長ニ答エタルトコロノゴトクコノ際コレヲ決行シテ何等不都合アルコトナク万一コレヲ行ワザランカ、官庁ノ威信マッタク地ニ墜チン。コレ予ノ国家、特ニ新領土ノタメニ最モ深憂トスルトコロニシテ、上山一個ノ面目ノゴトキハモトヨリ秋毫モ問ウトコロニアラズ。

右の書状は以上で終わっているので、以後のことに関して、まず九月に上山が記した「台湾人事に関する手記」からたどってみましょう。

厳しい語調で記された二十五日の書簡が少しは効いたのか、翌日、上山は首相と面会する機会を得ました。そして、原案の全部の承認を求めましたところ、首相には政友会議員からの強い圧力がかかっているらしく、困り切った様子で、上山に再考を促し、「喜多の辞表撤回」を求めてきました。しかし、上山はこれをきっぱり拒否。こんな有様で、解決しそうもありませんでしたが、両者の間で苦境にある首相の立場を考慮して、結局、上山は首相側が出してきた、内地の役人と喜多とを交換するという要求を受け入れることとしました。
ただ、このときも上山は、「コノ交換問題、万一成立セザル場合ニオイテ、アルイハ変ナモノ押付ケ、アルイハ喜多ノ辞表撤回ヲ求ムルモ絶対ニ応諾スルヲ得ザルコト」という約束を首相との間でかわしたことを明言しており、あくまで筋を通したのでした。

更迭要求を拒否

さて、ともかくもこのようなかたちで人事問題はいちおう落着したかのように思えたのでしたが、これだけでは終わりませんでした。実は、これまでは前哨戦で、以後、政府高官側はもっと難題を押しつけてきました。それは、一連の騒動の過程で「総督狂気ノ悪宣伝」をするものがあり、それに乗じて起こった総督および後藤長官の排斥運動です。このことについて、九月に喜多の後任として着任した豊田から聞いた、田中首相が語った言葉として、上山は以下のように記しています。

上山ニ対スル空気甚ダ悪シ。閣僚中ニモ擁護者ナシ。シカレドモ予ハ政党ノ要求ニセマラレテ上山ニ退任ヲ求ムルガゴトキコトヲナサズ。評判ノ悪シキ主ナル点ハ、一、台湾ニオイテ酒乱ノ癖アリ、二、人事問題ハ伊沢ノ非政友式ノ完成ナリ、三、議会ニオイテカッテ政友系内閣ヲ猛襲セリ等ナリ云々(「台湾人事に関する手記」)。

この言葉に対して、上山は「無根ノ流言ニ惑ワサレタルモノ」として意に介さなかったように思えます。
しかし、上山、後藤排斥の声は中央政界でますます高まり、上山のところへ方々からそれを裏付けるような情報が寄せられて来ています。一例だけあげておきましょう。発信者は警務局長本山文平です。

（前略）中川氏は電報にて御報告申し置き候通り同氏一流の言調にて閣下を罵倒し、閣下に対し寸毫も好意を有し居らるるとは認め得られず候。また西園寺公の秘書の言に徴するも中川氏は総督更迭を希望し居るは事実と存じ候。中川氏に虚偽の材料を供給し居るは橋本白水に候。小官宮川氏に面会の際も同氏の机上に橋本の手紙あり。小官が台湾の実情を説明するや、中川氏は台湾の記者で君（小官）と反対の事を言うて居ると述べ、小官の言を反駁せんとせしにより明らかと存じ候。橋本は中川氏のほか鳩山にも材料を供給し居るように候。橋本の背後には伊沢前総督に反感を有する一、二の有力者あるように候。橋本は金次第にて動く男に候。中川氏が閣下に電報せしは、閣下に勧告し辞職せしめんがために候。……（中略）鳩山は総督更迭の宣伝を中止し、後藤長官更迭の宣伝をはじめ候。天岡氏の考えは総督は留任、総務長官は更迭というにあるように候。鳩山等は総務長官を更迭し、引きて総督更迭という計画のように候。……（中略）電報にて御通報申上げたる通り田中首相は更迭の意なく（鳩山、宮田、首相に進言してはねつけらる）、西園寺公またその意思なきは確かに候。

ここからだけでも分かるように、総督および長官更迭の画策が中央で着々と進められていたのは確かです。しかし、こういう状況にありながらも、上山は、「田中首相の意向は御承知の通りつとに確定いたしおり、また小生としても後藤長官としても自ら進んで去らざるべからざる公的理由も私的事情もこれなく」といった態度で開き直り、辞任の言葉はいっさい口にしません。それどころか、上山の留任は認めるものの、後藤長官以下の留任は認めず、また上山に対する流言、中傷を否定しようともしない首相のやり方に上山はしだいに不信感を強めていったようです。それは、十二月二十五日に田中邸を訪れたときの会話「田中義一との対話筆記」からも読み取れます。

首相田中義一に反発

まず上山が開口一番「総督、長官ノ進退ヲ今モッテ問題トセルハ遺憾ナリ」と不満を述べると、田中は「総督ノコトハ確定不動」であるが、長官以下の人事は未決定と言います。それに対して上山は、長官に何の不都合もなく、しかも台湾にとって有用の人材の進退を政党の希望で勝手に左右するのは総督として看過できない。総督を信頼する以上、部下の進退は総督に一任すべきではないかと、詰め寄ります。ところが、それに対して首相は、

長官ハ憲政系ニテ伊沢ノ指揮ヲ受ケ偏波《へんぱ》ナリトノ批判多シ。木下モ憲政系ナリトノ批判盛ンナリ。両人トモ予ハヨク知ラズ。モシ不都合アラバ辞メザルヲ得ズ。

と、まるで役人人事は党利党略を優先するのが当然のような言い方をしています。これを聞いて上山は怒ったのでしょう。次のように反論します。

両人トモ憲政系ナリトハ驚クベキ誣妄《ふもう》ナリ。断ジテシカラズ。カカル中傷ニ惑ハサレテ首相ガ或イハ罷免スルコトアルベシト言フハ断ジテ取ラズ。予ハ全然反対ナリ。両人ニ限ラズ何人ニテモ部下ニ非違アラバスベカラク推問スベシ。流言飛語ニ誤ラレテ暴断スベカラズ。

どちらが首相か分からないほどひどい剣幕で上山は、同郷の先輩である首相をたしなめています。さらに上山は、風説に左右されてはならないことを説き、今回の問題に関する「風説ノ卸問屋ハ鳩山」であり、鳩山書記官長は台湾ヲ攪乱せんとするものなので、「十分ノ戒飭《かいちょく》ヲ望ム」と、これを警戒すべきことを説きます。しかし、首相は「鳩山ハ善キ男ナレドモ口軽ニテ困ル。ソンナコトヲ気ニスルナ」と、上山の言葉を真剣に受けとめていたようにも思えません。それに業を煮やしたのか、上山は次のように言っています。

気ニスルナデハスマヌ。スベカラク戒飭スベシ。（コノ要求ヲ発シタルコト三、四回ナリシガ、容易ニ諾セズ。但シ、回ヲ重ヌルニ従ッテ態度真面目ニナリ、終リニハ諾シト答エタルモ、田中ノコトナレバ実行スルヤ否ヤ疑ハシ）

上山が田中首相をあまり信用していないことは、右の傍点部からも十分に読み取れるところです。また、この三日後の十一月二十八日には、この問題で上山は鳩山書記官長とも会談していますが、ここでも上山と鳩山との政治姿勢の違いが明確に見られますので（「鳩山一郎内閣書記官長との対話記録」）、一部を掲げておきましょう。

鳩山　予ノ考エニテハ後藤長官ト長谷川久一郎ト交代セシメタシ。長官オヨビ一、二ノ高官ノ転任ニヨリテ政党ヲ緩和セザレバ首相ハ困惑シ、総督ノ仕事モヤリ悪シト思フ。

上山　ソレハヨロシカラズ。台湾在住四百万ノ三百八十万ハ新付ノ異民族ニテ、コレヲ統御スルタメニハ総督、長官ノ威信ヲ保タザルベカラズ。内閣更迭シタレバトテ何等ノ不都合ナキ長官ヲカエ置キスルハ不可ナリ。コレヲ施行スルハ大混乱ノモトナリ。
鳩山　混乱スベキカ。
上山　官民ニ信望篤キ長官ヲ動カスハモトヨリ混乱ノモトナリ。……（中略）予トシテハ折角コレヨリコソ仕事ニ掛カラントスルニ最モ大切ナル相談相手ヲ奪ワルハ困ル。……（中略）
鳩山　何トモ政党ガ喧シクテ困ル。首相ハ失政ナキモノヲ辞ムルアタワズト言ハルルモ党員盛ニ首相ニセマル。首相気毒ナリ。セメテ党ノ苦情ヲ少クスレバ、首相モ助カリ総督モ仕事ガシヤスクナル。同意ヲ望ム。

ここからも明らかなように、鳩山は、上山に続投させると、政権与党の政友会の連中が首相にうるさく迫り、政治に支障を来すので、せめて長官だけでも交代させないと困るという考えに凝り固まっていますが、この点で首相も鳩山とまったく同意見だったと思われます。しかし、上山は鳩山に対しても首相に対したときと同じく、まったく譲歩することなく自説を主張し続けたのでした。

この問題はその後どう結着したのかはっきりしたことは分かりませんが、『伝記』では、首相も鳩山も態度を軟化させ、上山と「政府筋との意見の疎通もなって、結局、この問題も泣き寝入りの姿となったようである」と記されています。「泣き寝入り」という表現は納得できませんが、ともかくも、その後も上山総督、後藤長官体制が存続したのですから、首相、鳩山側が譲歩したのでしょう。そういえば、右の上山との対話の末尾で首相は「政府当局ニシテ植民地ノ人事ニ立入リ過グルコトヲ予モ心付キタリ。注意シオレリ」と言い、鳩山は「御意見ハ分リタリ」と言って、上山の主張にある程度の理解を示しています。両人とも党内に不満の声があっても、最終的には上山の主張の正当性を認めざるを得なかったのでしょう。この一事だけからでも、上山は当時の政界の中でも珍しく正義感が強く、また行動力に富んだ政治家であったといえましょう。

ところで、以上みてきたように、上山は政友会議員による不当な排斥運動を退けて総督の場を守ったのでしたが、一年後にまたとんでもない事件が発生し、今度は自ら辞表を提出しました。それは、台湾陸軍部隊を検閲中の久邇大将宮邦彦王を一朝鮮青年が襲うという事件で、昭和三年五月のことでした。幸い怪我はまったくなかったのでしたが、事件の責任を取って上山は直ちに田中首相宛に電報辞表を奉呈しました。

ところが、辞表の扱いをめぐって首相との間でまた一悶着あったのでしたが、政界の醜態部分をこれ以上穿鑿《せんさく》するよりも、台湾時代の上山についてもっと論ずべきことが多いので、この問題については省略し、ここではこういう突発的事件によって上山が台湾を去ることとなったことのみを記しておきます。

三、台湾文化の保護

原住民族文化研究へ助成

上山の台湾の人びとに対する接し方は、他の植民地統治者ほど強圧的ではなかったと思われることをこれまで何度か述べてきました。しかし、いくら説明を聞いても、そのような見解には賛成しかねると思われる人は多いでしょう。

たしかに、現地人に日本神話を説き、「一視同仁」の思想で同化政策を推進しようとするやり方は、日本帝国主義指導者の典型的パターンといえましょう。そのことは十分承知しながらも、それでもなお私は、上山は台湾の人びとに対し、当時の他の政治家よりも温かいまなざしをもっていたように思います。それは、以下に述べる台湾総督辞職直後の行動からだけでも感じ取れるところです。

昭和三年六月、上山は総督を辞任した際に官民有志から惜別記念の志として贈られた一万三千円のうち、一万二千円を原住民族の研究費として、この年に台湾総督管轄のもとに成立したばかりの台北帝国大学に寄付しました。

(注)『伝記』には「惜別の資は一万二千円であったようで、そのうち一千円ばかりで台湾出身の画家陳澄波氏をして、台湾東海岸の風景を描かせ……」とある。したがって、『伝記』による限り、台北帝大に寄付した金額は一万一千円のはずである。しかし、「展示コーナー」所蔵の「台湾高砂族之研究」綴りの中に昭和五年に台北帝大学長幣原坦が上山宛に「金一万二千円」の「高砂族研究調査資金」を領収した旨を記した文書がある。

また、昭和八年十月十五日付「朝日新聞」の右の一件を伝えた記事には、「官民有志記念品のかわりにとて金一万三千円を寄贈した」とある。そしてさらに、そのうち一万二千円を台北帝大に寄付し、「残りの千円で台湾人画家、美校出の陳澄波氏に〈東海岸風景〉を描かせ、官民有志の厚意としてこれを自邸に飾ったのだった」と記されている。いずれが正しいのか分からないが、本書では「朝日新聞」の記事に従うこととした。

任地を去るに当たってのこの行為は、上山の人柄を物語るものとして広く注目されたようです。口先だけでなく、心から台湾原住民族を愛した上山だからこそ出来たことと人びとの目に映じたのでしょう。

多額の寄付を受けた台北帝大では、昭和五年初夏より調査を開始し、四年の歳月をついやして二部三冊の大著刊行にこぎつけました。その大著の序文に、台北帝大総長幣原坦がこれに至るまでの経緯を簡潔に記していますので、掲げておきましょう。

上山元総督学を好み、治を励み、職を退くにのぞみ、官民金を醵して惜別記念の資となさんとするに際し、あげてこれを台北帝国大学に寄せ、嘱するに高砂族の言語、伝説、土俗、人種等の調査考究をもってせらる。これにおいて本学は、小川尚義教授をして主として言語の方面を担当せしめ、大阪外国語学校教授浅井恵倫氏にその一部の分担を依嘱し、移川子之蔵教授をして主として土俗の方面を担当せしめ、宮本延人助手、嘱託馬淵東一氏をして分担補助をなさしめ、もってその究査をすすめたり。

爾来四星霜にしてようやく成稿を見たり。稿を分かつて二部とす。一は高砂族の伝説を原語のままに表記して訳文、註解、語法、概説を加えたるもの、名づけて『原語による台湾高砂族伝説集』という。一は高砂族の系統所属に関するものにして、名づけて『台湾高砂族系統所属の研究』という。ともに台湾原住民族たる高砂族に関する独創的究明にして、世界の文運に寄与するところ少なからず。誠に上山総督の期待に副うべきを疑わず。

『台湾高砂族系統所属の研究』及び『原語による台湾高砂族伝説集』（防府図書館蔵）

右にいう『台湾高砂族系統所属の研究』は、各原住民族の起源、系統、移動から氏族制度、社会組織に至るまでを詳細に論究した五六〇頁におよぶ本編および系統分布図、系統表を収録した別冊史料編の二冊からなり、また『原語による台湾高砂族伝説集』は、原住民族の伝説を原語のまま万国発音記号で表記し、訳文、註解、語法、概説を加えた本文七八三頁と単語表からなる一冊です。

　両書は、出版当初から広く国際的に注目を集め、昭和十一年に前者は帝国学士院賞を、後者は恩賜賞を受け、両書とも現在でも文化人類学研究者のあいだで「不朽の名著」と言われているようです。

　しかし、この種の研究は現地踏査が不可欠で、原住民族の住む地域をほとんど隈なく訪れており、それだけに両書作成の過程には苦労も危険も多く、「宮本君は蕃地において四十度の熱を発し、またジンマシンに悩まされ、馬淵君はマラリヤに侵され、縷々《るる》暴風雨と戦い、懸崖の山道を往来し、山中道を失い……」と移川教授は記していますが、その教授自身も、予定を一日変更したお陰で抗日暴動事件（霧社事件）に遭遇するのを免れており、「予定通り出発していたら、不幸なる他の多くの人びとと共に、霧社において凶刃の下に斃れていたに相異ない。稿成るの今日、既往を追懐して、うたた感慨無量なるものがある」と述懐しています（『台湾高砂族系統所属の研究』例言）。両書成立の陰には、こうした幾多の苦闘があったようです。

　ところで、日本統治時代に行われた研究だけに、研究成果が為政者に利用されることも少なくなかったであろうと推測されますが、「研究者の立場からは、原住民の強制的な移住に対して批判的な目で見ていたことがうかがえる」という見解が近年の研究論文で報じられています（中生勝美「日本統治期台湾の人類学・民族学」『二〇〇二年度財団法人交流協会日台交流センター歴史研究者交流事業報告書』）。また、最近の原住民族の民族文化回復運動、母語学習運動、祖先の土地回復運動といった民族運動と連動して、これらの研究が「現在でも彼らの生活基盤や政治的主張に一定の根拠を与えており、単なる〈歴史〉として完結していない」という見方も出されています（同前掲論文）。

このような、現代にまで影響をあたえるほどの偉大な研究も、上山の助成があったればこそ実現できたことですが、それはそもそも上山に台湾原住民族保護の強い思いがあったからではないでしょうか。と言いますのも、実は上山はすでにみてきたように、少年期から経済的に恵まれず、常に清貧に甘んじていた政治家でして、原住民族に対してよほど強い思いがない限り、これだけの経済支援は出来なかったと思えるからです。そのことについて、今ひとつ別の角度からも考えてみましょう。

原住民族文化への愛着

すでに述べたように上山は台湾官民から贈られた餞別料一万三千円のうち、一万二千円を原住民族研究のために台北帝大に寄付し、残りの額で台湾出身の画家陳澄波に台湾東海岸の風景を画かせました。そして、原住民族使用の独木舟の材によって縁をとり、大額に仕上げ、自邸の応接室に掲げていましたが（『伝記』）、上山歿後に防府市管理下に移されました。本体縦六九センチ、横一二八・五センチもある、大きくて立派なものです。

インターネット上の「陳澄波年表」（http://www.aerc.nhcue.edu.tw/8-0/twaart-jp/html/ca-660a.htm 二〇一五年五月二一日閲覧）によりますと、一九三〇（昭和五）年八月二十五日の項に「応上山満之進総督之嘱、北赴東海岸達奇里渓写生」とあり、この画は北東海岸タッキリ渓（花蓮港の北）で写生したもので、上山辞任の二年後の作品であることが分かります。任地を離れてなお旧任地台湾の風景を台湾の画家に描かせているところにも、台湾を愛した上山らしさの一端が見られるような気がします。

上山が自邸の応接室に掲げていた陳澄波の「東台湾臨海道路」(防府市所蔵、福岡アジア美術館に寄託中)。額縁の彫刻は台湾原住民族タオ族の船に刻まれている文様を模したもの

追記　台湾画家・陳澄波について

なお、本論から若干それますが、この画を描いた陳澄波について少しばかり記しておきましょう。

陳澄波は明治二十八（一八九五）年に嘉義に生まれ、総督府国語学校に進みましたが、ここで美術教師だった石川欽一郎に才能を見いだされ、画家の道を志し、東京美術学校（現・東京藝術大学）に進学、田辺至、岡田三郎助らに師事し、昭和元（一九二六）年には帝国美術展の西洋画部門に台湾出身者として初めて入選しました。

東京美術学校卒業後、上海の美術学校の教師として赴任し、ここで中国画の技法も学び、画法をさらに洗練させていきました。その後、台湾に帰り、台湾人仲間と台陽美術協会を設立するなど旺盛な活動を続けました。そして、日本の敗戦によって台湾が中華民国に返還されると、上海で中国画の技法も摂取していた彼は活躍の場がますます広がるものと考え、新時代の到来を歓迎したのでした。

ところが、一九四七年の二二八事件（日本国籍を有していた本省人〈台湾人〉と外省人〈在台中国人〉との大規模抗争）で嘉義市代表の一人として国民党軍側との交渉に赴いた陳澄波は、逆に逮捕され、他の多くのメンバーとともに銃殺されて、非業な最期を遂げたのでした（「台南で陳澄波展を見た」、〈http://formosanpromenade.blog.jp/archives/4258472.html 二〇一五年五月二十七日閲覧〉）。

以後、国民党政権による弾圧を恐れて、陳澄波の名前を口に出すことすら憚られる時代が長く続きました。しかし、一九八八年に李登輝が本省人として初の総統に就任して以降は、本格的に民主化時代がはじまり、陳澄波も再評価されるようになりました。そして、二〇一四年には「陳澄波生誕一二〇年記念・東アジア巡回展」が台南、北京、上海、東京で開催され、陳芸術の偉大さがいっそう広く認識されるに至っているようです（「陳澄波と沈黙の時代」〈http://formosanpromenade.blog.jp/archives/2249833.html 二〇一五年五月二十七日閲覧〉）。

私は以前から上山が餞別料の一部で台湾画家陳澄波に台湾の風景画を画かせたことは知ってはいたものの、陳澄波の境涯についてはまったく無知でした。それが、今回、本書執筆中にたまたまインターネットで右のことが分かり驚きました。そして、陳についてもっと詳しいことが知りたくなり、台湾行きを思い立ち、先般（平成二十七年八月）、知人を介して嘉義市の陳家と交渉に入りました。ところが、防府に陳の画があることを知られた陳の孫陳立栢氏は、よほど嬉しかったらしく、私の台湾行きの前に急遽、防府に見え、画を実見され、こちらが想像していた以上に喜ばれました。

その二週間後に私は嘉義市の陳澄波の長男陳重光氏の家を訪れました。重光氏は九十歳の高齢ながら大変元気で、流暢な日本語で、遺品を示しながら、淡々と多くのことを語ってくださいました。なかでももっとも印象に残ったのは、陳が二二八事件で処刑される前夜に家族宛に書いた遺書でした。

父・陳澄波について語る陳重光氏（右）と著者。2015 年 8 月 26 日

また、処刑後に遺体を家に運び込み、妻が撮ったという写真を見せられたときは絶句しました。そのあと、妻は陳の画が焼却されることを危惧して、すべてを隠し込み、以後、長い間、家族にもいっさい陳のことについては話さなかったそうです。同様に、ほかにも陳の画をひそかに隠して保持していた人が何人もいたようです。

近年、陳の画は国際的にも非常に高い評価を得て、注目を集めているようですが、そのうえ、このような過去があるだけに、嘉義市では陳の画に熱い思いを寄せる人が多く、嘉義公園をはじめ町中いたるところに陳作品の展示パネルが置かれ、それらが街の活性化の原動力の一つになっているようにさえ思えます。その嘉義市では、陳の画が防府市に保管されていたことを知って喜んでいる人がたくさんいるようです。

原住民族文化の評価

総督辞任の際に贈られた大金の餞別料の大半を原住民族文化の研究助成金として台北帝大に寄付し、残りの全額で台湾の風景画を描かしめた、この二つの行為からだけでも、上山が台湾文化に寄せていた強い関心度が伝わってくるような気がするのですが、上山は台湾原住民族のどこに心をひかれたのか、この点についても少しだけ触れておきましょう。

上山は昭和二年十月から翌年二月にかけて阿里山、角板山、台中、隆雄方面に視察に出向いています。

このときの様子を「台湾日日新聞」が連日報じたのでしたが、その新聞切抜きが「展示コーナー」に多数架蔵されているので、その記事からみていきましょう。これらによると、視察地域には原住民族の集落が多く、かれらに日本に対して親近感をもたせ、日本国家への忠誠心を喚起させることが巡視の目的のひとつだったように思われます。

たとえば、出迎えた阿里山の村人たちに対し、「今日はみなさんの元気ある顔を見て非常に愉快に感じた。今後とも体を気をつけ生業にいそしんで国のため、天皇陛下のために忠誠を尽くしてもらいたい」（「台湾日日新報」昭和二年十月十六日付）と訓話したというような記事がしばしば見られます。これらの言葉から、上山もいかにも日本の行政官らしい態度で原住民族に接していたことは明らかです。

しかし、天皇崇拝教育をがむしゃらに押しつけるのではなく、原住民族の生活をつぶさに観察しようとして、総督自らが屋内にまで入り、親しく言葉を交わし、彼らもその態度に深く感動することが多かったことが新聞記事から分かります。

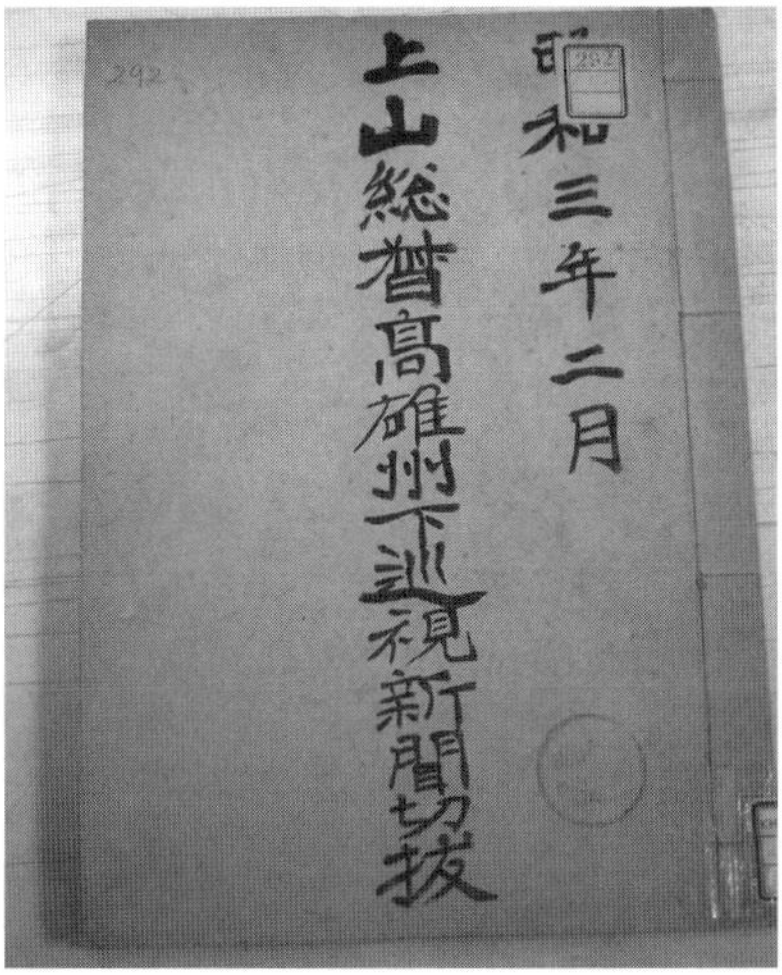

高雄方面の巡視を伝える新聞切抜き帳（「展示コーナー」蔵）

隆雄地方巡視に同行して上山のそういう態度を見た記者も、従来の巡視では「厳格さというよりは、はた目にはむしろ威嚇に近いもののあるのを見聞して」いたが、上山の場合は「優しさなり、親しみなり、自然に慕わしさの湧く」ものが感じられたとか（「台湾日日新聞」昭和三年二月？日付）、あるいは「〈お前たち〉とか〈蕃童〉などと侮蔑的言辞を慎み、その態度も老翁が孫たちを集めて諭してでもおるような親切な思いやりが現れていた」（「台南新報」昭和三年二月？日付）といった記事をいくつも掲載していて、上山がそれまでのどの行政官よりも原住民族社会に親密に接していたことを強調しています。そして、上山がその体験を通して、原住民族の民俗に深い関心を寄せ、そこには道徳性その他いくつもの美点があることを実感として受けとめるようになったことも新聞記事から読み取れます。

以上のことを考え合わせると、上山が原住民族研究に大金を投じた理由も分かるような気がしますが、上山は原住民族への強い関心を台湾を去った後にも持ち続けたようで、昭和四年三月の『日本評論』へ「台湾の高砂族」という一文を載せています。その中で、原住民族に深い関心をもつ理由についても書いていますので、引用しておきましょう。

高砂族とわれわれ大和民族となんらかの血縁なきやは注目すべき問題である。二年間の台湾在任中、私は縷々《るる》好んでわが高砂族と接触したが、いつも私はまんざら赤の他人ではないような親しみを覚えた。頭髪が黒い。頬骨が大概高い。皮膚の色は銅色であるが、それは屋外活動を常とする結果で、屋内業務に服するものは我らと同じく黄色である。無形の神を信ずる。祖先を崇拝することが深い。児童の日本語を操る調子が全然我らと同様で、他民族の日本語におけるがごとき変な引掛かりがない。これらの事実は一聞一見ごとに私の親身の感を惹いた。もっとも後に述ぶるがごとき単純素朴なる気風に接し、崇高なる道徳生活を聞き知って、いよいよますます私の情熱の動いたのは事実であるが、当時の私の感覚は、たしかにこの情熱の他に理性的なものがあった。

学説によれば、大和民族の血管には少なからず馬来系の血が流れ込んでいると聞く。ある学者は熊襲をもって高砂族と同一なりと説くそうである。ある人は逆さに枝を垂らして地中に入る榕木が台湾で高砂族の神を祭る神木であることと、それと葉の形の類似せる榊がわが国では神に手向くる霊木で、その名が「さかき」であることとに深き興味を感じている。阿里山蕃には、祖先の一人「マーヤ」が東方に移住したとの古伝説が今に残っている。絶南の孤島紅頭嶼のヤミ族の褌がわが国の〆込みと同一であることも面白い。

要するに、高砂族と大和民族との血縁の有無および濃淡は単に斯道の専門家のみでなく、一般国民なかんずく経世の士にもすこぶる興味ある問題である（『論著』）。

一読して分かるように、上山は二年間の台湾生活を通して、大和民族と原住民族は肉体面でも精神面でも共通性がかなりあり、「まんざら赤の他人ではない」、つまり互いに民族的に近い存在と感じていたようです。上山が原住民族に対して親しみをもっていたように思えることを何度も強調しましたが、それはこの文章に見られるような原住民族観を上山がもっていたからに違いありません。

ところで、「大和民族と原住民族との共通性」というような言葉を聞くと想起されるのは、「日朝同祖論」です。これは、日朝両民族は先祖を同じくしているという主張ですが、ここから、両民族は一体となるべきという論を展開し、日本の強引な朝鮮支配を正当化するためにしばしばこれが喧伝されました。したがって上山の原住民族観も台湾支配を合法化するための歴史理論にすぎないのではないかと訝る人も多いでしょう。そう思って上山の「台湾の高砂族」を読みかえしてみますと、たしかに上山自身も、大和民族と共通性の多い原住民族には、日本との同化がスムーズに進めやすいという考えがあったように思われます。

しかし上山には、多くの日朝同祖論者とは異なった面もあったと私は思うのです。といいますのは、多くの日朝同祖論者は、日本と朝鮮の関係は日本が本家で朝鮮が分家的存在と論じたり、あるいは文化的に日本が優れ、朝鮮が劣ると説いたりしていたようですが、上山には原住民族を日本より人種的に劣っているというような考え方は微塵もなかったからです。だからこそ原住民族の原文化、原語の研究と保存にも心をくだき、台北帝大に依嘱して『原語による台湾高砂族伝説集』などを刊行せしめたのでしょう。このことだけからでも、上山と多くの日朝同祖論者とでは、現地の人びとに対する目線が違っていたのは明らかと私は思うのですが、これは上山に対する過大評価でしょうか。

第二期貴族院議員時代

一、政界の荒波に抗して

米価の合理的算出基準「率勢米価」

昭和三年六月、台湾総督を辞した上山はふたたび貴族院に復帰しました。そして、翌年二月に下関長府の医師菅恒夫の妹千代子と再婚しています。

復帰後の議員活動としてもっとも力を入れたのは、前議員時代と同じく米穀問題でしたが、すでに六十歳に達しており、農商務次官時代以来、この問題に長くたずさわり、だれよりも深く通じていたことから、「米穀問題の大久保彦左衛門」との異名をとったと言われています。米穀問題に関する前議員時代の活躍ぶりについてはすでに述べましたので、ここでは復帰後のことについて触れておきましょう。

この時期の上山の米穀問題での数ある功績の中でも、もっとも注目されたのは、米価調整基準の確立です。これについて、上山が早くから客観的基準の確定を強調していたことはすでに述べましたが、それをこの時期に大きく前進させたのでした。これにつき、のちに農林次官を務めた荷見安《はすみやすし》は「上山満之進先生と米穀問題」（『食糧経済』昭和十三年九月号）で次のように述べています。

当時の情勢を見るに、何人といえども、米価調節の基準を定むるなどということは、言うべくして行い得ざるものであると考えておったのである。しかるにこの主張並びに先生の多大の努力がついに基準価格制定となり、昭和六年の米穀法の改正となったのである。

ここから明らかなように、米価調節の基準を定めるのはきわめて困難なことで、だれもなし得なかったが、上山は早くからそれを主張し続け、やっとなし遂げ、米穀法の改訂にこぎつけたのでした。それまでの米価調節は、生産費を基準にすることが多かったようですが、生産費は地方によって異なり、それに基づいて算出するのは不公平を免れず、米穀界を混乱させることがしばしばでした。それを是正するために、「過去数年ノ平均米価ニヨルノ案」、「米価変動ノ趨勢《すうせい》ニヨル案」等いろいろあったのですが、「（上山は）これらの研究の結果、米価基準を案出し、いわゆる率勢米価《りっせいべいか》を案出したのである」と荷見は言うのです。では、その率勢米価とはどのような米価基準なのでしょうか。

ところが、この説明は大変に難しいようで、とても私が要約できるようなものではありません。どう難しいのか、「東京日日新聞」（昭和五年十一月二十七日付）の次の文章だけ引用しておきましょう。

（率勢米価の）名づけ親は農務局長石黒忠篤君だというが、これはまたなみ大抵の代物ではない。……（中略）高等数学もどきの難物である。農林省にその人ありといわれている技師新井陸治君が昭和二年来研究したという歴史つきで、コロンビヤ大学のムーア博士が綿花問題にちょっと似かよったことをやった以外、世界でこれほど確実な研究を積んだものがなく、世界の物価学者をアッといわせたという大したものだ。

この文章に続いて、その内容について以下のように記しています。

「率勢米価とは明治三十三年十一月以降の日本銀行調査米価指数の物価指数に対する割合（米価率）を基礎とし、当該米穀年度における米価率の趨勢値を算出し、これを基準価格の前月の物価指数に乗じたるものを十一円八十一銭（日銀調査の基礎年月たる明治三十三年十月の米価）に乗じて算出した価格をいう」のである。こういうと大変ややこしいが、米価は一般物価と釣合いを保たなければならない。ところが、一般物価は大体において貨幣価値の趨向を現すものとみることができるから、この物価と釣合いを保つというのは、米価が財界と調和を保つわけであって、また一面では米の価値が財界事情を離れて変動しないようにするためである。それで率勢米価には、上山満之進あたりが盛んに主張している一般物価指数を重くみて、その大勢をとり入れるに大変な苦労をしているのである。

以上から分かるように、一般物価の変動を考慮しながら、非常に複雑な方法で米価を決めるのですが、しかし、これによりだれがみても公平な数値を客観的に算出できるようになったわけで、これは米穀政策上、非常に有意義なことだったようで、荷見も「米穀法の大改正がこの基準案を中心として行われたことは世人周知の事実である」と述べています。

右の引用文から分かるように、この率勢米価は幾人もの人が関係して案出したのであって、上山もそのメンバーの一人で、上山の独創ではありません。しかし、このような客観的・合理的基準を作成することの必要性は、上山が早くから主張していたところで、以後、上山はこれを武器に農政問題で鋭い意見を連発し、反対派と激しく論争したのでした。というのも、従来のように生産費をもとに米価基準を算出する場合には、基準があいまいなため高米価政策をとるのも容易でしたが、率勢米価ではそれがままならないため、高米価によって利益を得ることを目論む地主層およびそれを政治的基盤とする政友会議員にとって、率勢米価は好ましからざる基準であったからです。

政友会議員から暴行

昭和七年九月一日、米穀法改正案が貴族院に上程されました。これは、農村の窮状救済のための応急策として、前年に改正した米穀法を覆さんとするもので、具体的に言えば、率勢米価を止めようとするもので、これに反対の上山は早速に質問に立ちました。そして、米穀法が設けられた理由を説明し、これを安易に変更すべきでない旨を論じ、さらに、

ソノ率勢米価ヲ止メテシマオウトイウノデアリマスガ、率勢米価ヲ止メタラドウシヨウトスルノデアリマスカ。ヤハリ一昨年以前ノ何モ基準ナクシテヤッテイタ時ト同ジヨウニ、ポカポカ思イ出シ次第ニ買オウトイウノデアリマショウカ。ソウスルト私ヲシテ遺憾ナガラ当局ノ潜在意識ヲ疑ワシメタヨウナ事実ガマタ今後モ発生スルトイウコトヲ覚悟シナケレバナリマセン。……（中略）今日率勢米価ヲ止ニシテ、ソノ時ノ当局者ノ思イノママニ、アル相当ノ機関ニカケテ米ヲ買ウト致シテ、何時ドウイウ時、ドウイウ程度ニ買ウツモリデアリマスカ（「第六十三回帝国議会第一読会における質疑演説速記録」）。

と、率勢米価存続の必要性を強調しました。

この演説は翌日の多くの新聞で取りあげられましたが、たとえば「時事新報」では、「率勢米価削除に反対の第一矢　上山氏政友会案の非を難ず」と大書して、以下のように報じています。

（上山は）率勢米価が考案されるに至った由来を述べ、米価は一般物価と対比して今日の程度が妥当であると断じ、もし政友会のごとく率勢米価を削除すれば、将来米価の吊上げ以外の目的に利用され、国庫に意外の損失を与える憂いは十分にある。米価は一般物価と対応して変動すべきであって、米価のみ不自然な吊上げを行ったならば、その結果はどうなるか。今日窮乏しているのは農民ばかりではない。と断じ本案に対する政府の態度を質して降壇。

これに対して、後藤農相が「率勢米価の削除のごときは根本対策として考究すべきで、応急対策の一部として行うことは反対である」と述べています。

以上のように、上山の発言は率勢米価を削除するかどうかが主題だったのですが、それから離れたところで問題が発生しました。それは、上山を平素から恨んでいた政友会の議員が上山に暴力をふるうという、とんでもない事件でした。

事件発生の直接の原因は、上山が貴族院での発言の際に、米の買上げと議員の選挙は、何か関係がありそうに思われる事実があると言って、いくつもの疑わしき事例を列挙したのに対し、政友会議員が激高したことでした。これも新聞で報道されました。たとえば、「東京日日新聞」では、「上山満之進氏、貴族院で殴らる」の大見出し、「政党内閣を侮辱したと激怒し、一政友代議士暴行」の小見出しで、以下のように記載しています。

上山満之進氏を
政友代議士殴る
米買上げ演説に憤慨して
昨日貴族院廊下で

二日午後の政友會院内代議士會で東代議士が問題とした一日の貴族院本會議における上山滿之進氏の演説中「政府の從來の米の買ひあげには八回の内六回迄も政黨による暗い影がある」との意味の暴言があつたといふので憤慨し、二日午後政友有志代議士會が開かれ

守衛が駈けつけたが上山氏は肩を殴打された、幸ひ上山氏に損傷はなかつたが廊下に人の黒山を築く程の騒ぎだつた、尚その演説内容の事實無根については三日の本會議で砂田代議士が闡明すると共

に、各派農村對策委員會で
化しようとしてゐる一方貴
和會でも貴院における言論の
の爲にも何等かの方途に出
のと見られてゐる【寫眞は上

當事者として
語るべきでない
上山滿之進氏談

四時半頃未知の一衆議院議員が來て決議した事があるから是非面會したいとの事だつたが、私

たかわからん想像せぬ方が
會つて話せ

政友会議員による殴打事件を伝える記事
（「東京朝日新聞」昭和７年９月３日）

議会浄化が叫ばれているにもかかわらず、二日午後ついに貴族院において暴行事件が起こった。一日、貴族院本会議における上山満之進氏の「政党内閣は米穀法を党利党略のためにしている云々」の意味の演説を、政党内閣侮辱の言であると憤激した政友会少壮代議士は、午後有志代議士会を開いて問責を決議し、東武、矢野晋也、尾崎天風、深沢豊田郎ほか六代議士が午後四時四十分、貴族院に上山満之進氏を訪い、廊下で難詰中、激高した一代議士が拳骨で同氏の左肩を殴打したので、付近にいた梅沢覚守衛が駆けつけて取鎮め、上山氏は別に負傷なく予算総会に出席した。一方、政友会ではあくまで同氏を糾弾することになり、場合によっては問責決議案を上程するといきまいている。

政友会議員が上山に暴行を加えたのは、直接的には「米穀法を党利党略のためにしている云々」の発言が原因だったのは確かですが、しかし、率勢米価を推進しようとする上山に対して政友会の連中はもともと嫌悪感をもっており、それがこのようなかたちで爆発したのでしょう。それにしても、この一件は随分世間を騒がせたようですが、実は上山は、これより二ヶ月前、もっと世間を驚かす発言をし、物議をかもしています。

政友会・軍部批判

五・一五事件で犬養首相が暗殺され、斎藤内閣が誕生した直後の六月七日、上山は貴族院本会議において国務大臣の演説に対する質疑演説で登壇し、この事件に関連して二時間半にわたる大長広舌を振いました。その内容は二つにわたり、ひとつは「政界の廓清《かくせい》」、今ひとつは「軍紀の振粛《しんしゅく》（ひきしめ）」でしたが、どちらも世間に大きな波紋を投じました。

その主眼点は、今回の事件のそもそもの原因は政界の腐敗にあり、その弊害を除去するためには、立憲政治を尊重して、政治家は政党政治の廓清（悪癖一掃）に専念し、また軍人は軍紀の振粛のために軍人勅諭の精神を尊重し、現役軍人の政治関与は慎むべきであるということでした。このうち、とくに問題となったのは、ひとつは「政界の廓清」の部分で以下のように発言したことです。

私ハ立憲政治ノ擁護者デアリマス。……（中略）ユエニコソ政界ノ革正ヲ高ク唱エナケレバナラナイノデアリマス。名君賢相世々出ヅベキモノナリトイウコトガ確定的デアルナラバ、ケダシ君主独裁政治ガ一番ヨロシイト考エマス。ケレドモ、名君賢相ヲ世々ニ出ダストイウコトハ到底行ワレナイコトデアリマス。ユエニ立憲政治ニアラズンバナラヌトイウノデ出来タノガ帝国議会デアリマス（「昭和七年六月七日第六十二回帝国議会、貴族院本会議ニオケル質疑演説」）。

これは要するに、素晴らしく有能な統治者がいつもいるのであれば、それが独裁政治をしてもかまわな

政黨は私利を離れ
軍人は其の分を守れ
上山滿之進氏の質問
（貴族院本會議）
軍紀肅正
上山滿之進氏

上山の「政界の廓清・軍紀の振粛」発言を伝える記事（「時事新報」昭和7年6月7日）

いが、それを望むことは出来ない、だから立憲政治＝民主主義でなくてはならないという考えです。ところが、「名君賢相……」の部分は天皇の尊厳性を冒瀆する言葉だという非難の声が上がりました。また、「軍紀の振粛」の演説では、以下の発言が問題となりました。

謹ンデ軍人勅諭ヲ拝読シマスト……（中略）「国家ヲ保護シ国権ヲ維持スルハ兵力ニアレバ、兵力ノ消長ハコレ国運ノ盛衰ナルコトヲワキマエ、世論ニ惑ワズ政治ニカカワラズ、タダタダ一途ニ己ガ本分ニ忠節ヲ守リ」ト仰セラレテオリマス。軍人ノ実力は強大ナモノデアル。ユエニカタクソノ本分ヲ守ッテ、イヤシクモソノ畛域《しんいき》ヲ超エズ、世論ニ惑ワサレズ、政治ニカカワラズ、タダ武コレ努メテ文事ニアズカルナカレト訓戒シタタモウタノデアリマス。……（中略）「軍人ハ武勇ヲ尚ブベシ」、「サハアレ武勇ニハ大勇アリ小勇アリテ同ジカラズ、血気ニハヤリ粗暴ノ振舞ナドセンハ武勇トハ言イガタシ」……（中略）コレヲ拝読シテ誠ニ恐懼ニ堪エナイ次第デゴザイマス（同右）。

上山は、軍人の本分を記した軍人勅諭の中に、軍人は政治に関わってはならない、血気にはやって粗暴の行動をしてはならないことが縷々《るる》記されていることを挙げて、無謀な行為をとることが軍人勅諭の精神に反することを強調したのでしたが、この発言は「統帥権の干犯《かんぱん》」（天皇の軍隊の統率権への侵害）だとして軍部の一部から厳しく非難されました。

こうした上山の発言には、当然のことながら、賛否両論がわき起こりました。六月十五日発行の『回天時報』には無記名で「祖国意識に背く上山氏の不敬演説」と題して、次のような文章が載っています。

> 六月八日、貴族院における上山満之進氏の質問演説は、一見傾聴に値せるがごときも、国体に対する氏の認識不足は日本臣民としての信仰哲学の不徹底を暴露し、その意識せるとせざるにかかわらず許し難き不敬の言辞を弄したるは、むしろ指導層のかかる無信念、無信仰、無思想こそ国家現状の混迷を誘導誘発せしめたる根本の要因たるを思わしめるものである。氏の深き自省を望むや切である。
>
> 氏は当代官界においては稀なる清廉の士と聞く。また、質問演説中、政界改正につきて政党人に一喝を与えられたる意気は盛んなる日本的情操の把持者と言うべくも、されどその祖国観は「立国の精神」、「建国の精神」を口にしながら、真に皇統《こうとう》弥栄《いやさか》の国体の本格に触るるところなく、単に欧米学風の公式的見解の上を一歩も出ざるは実に悲しむべきことである。

こうした厳しい意見もありましたが、当時の新聞記事による限り、全般的にはその行動を歓迎する空気が強かったように思えます。その一例として、「時事新報」（昭和七年六月七日付）の記事を掲げておきましょう。「政党は私利を離れ、軍人はその分を守れ」の見出しで、次のように記載されています。

> 上山満之進氏登壇。
>
> （前略）明治の王政復古は立憲政治の建設と徴兵制度の二つを大本としている。しかるに、近時立憲

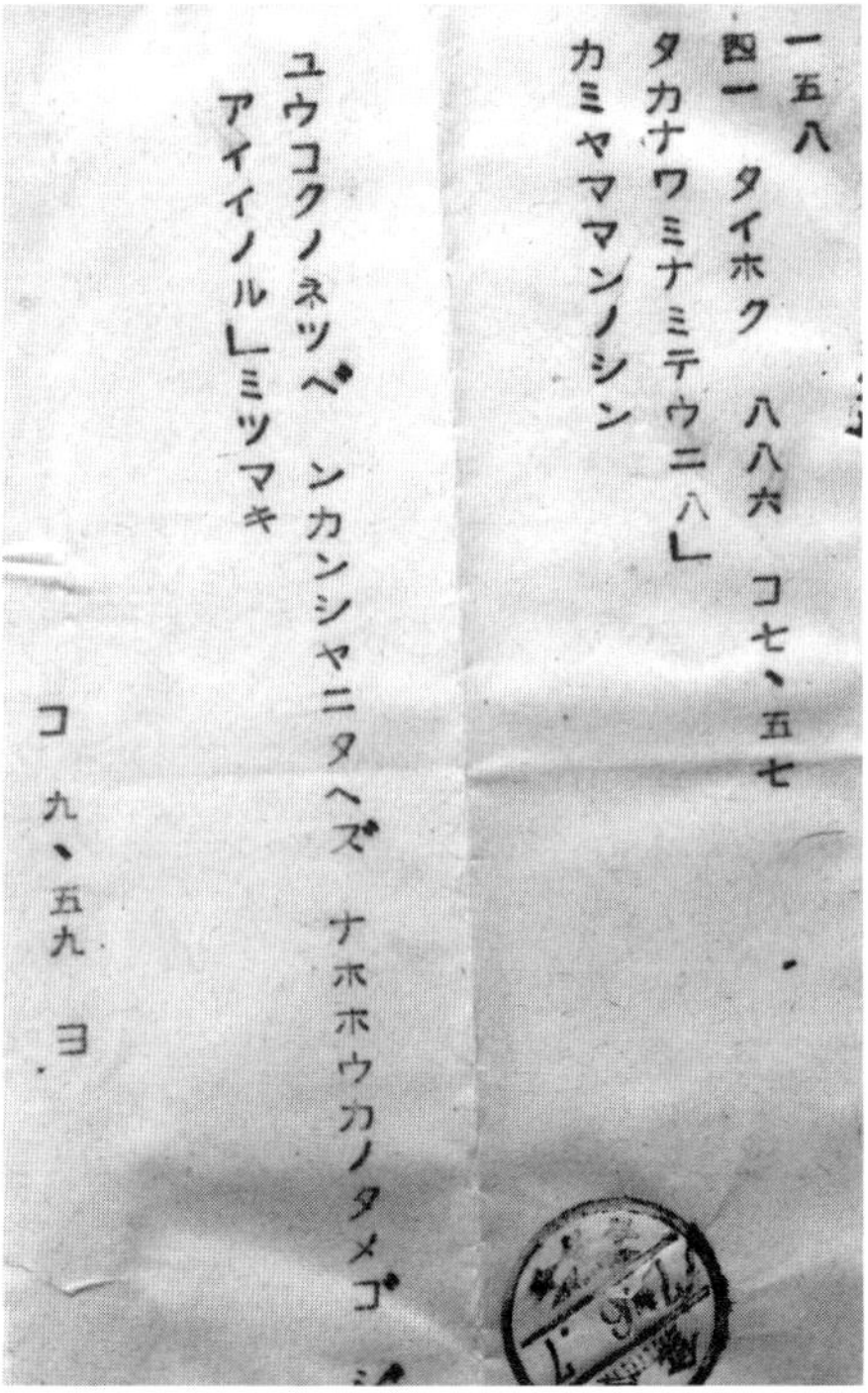

貴族院本会議で政党、軍部を批判したときの上山宛の感謝の電報。昭和７年６月７日（「展示コーナー」蔵）

政治にそわざる状態が現れている。一方軍人勅諭の精神に反するものも出てきた。と前提しつゝ、政界の革正ならびに軍紀の振粛につき、自己の立場が政界にも軍人社会にも関係なく至公至平の質問をなすとてまず、

今日の政党政治の弊は極まっている。積極も消極も投票を買収し、選挙干渉をなし、多数を獲得せんとするのが今日政党の実情である。……（中略）政党の不信、今日のごときにあたって何の思想善導ありや。インチキ学校の征伐とて学校の悪いものを処罰している一方、軍隊は悪いことをしてもよいということが出来るか、私は衷心忸怩たるものがあるだろうと考える。

と弁ずるや、荒木陸相、斎藤首相その他の閣僚一段と緊張して傾聴する。……（中略）軍人の政治に関与するを排撃し、「武器を持っている現役軍人が政治に関与するは危険なり」と述べ、今回の不詳事件は一部青年軍人の逸軌ならんも……（中略）「世間の神経は尖鋭化しているから、政府は事件の真相を発表するがよい」と述べてようやく政界革正、軍紀粛正二問題の質問を終了したが（後略）。

一部青年軍人の暴走に怯えてどの政治家も軍部批判を控えていたときに、これほど大胆な発言をしたことに世間は驚き、新聞も大きく報道したのでしたが、ただ、政友会と軍部からの上山糾弾の声がますます

強まり、ついに上山は、「用語上、不穏当な点があった」として六月十三日の本会議においてあっさり右の二点を取り消し、一応沈静化しました。そのため、上山の勇気ある発言に感動した人びとの中には、逆に失望した人も少なくなかったようですが、しかし、発言の一部を取り消したとはいえ、気骨ある政治家として改めて上山に注目した人は多かったと思われます。

因みに、上山は事件の翌日の日記に「軍人暴力団、犬養首相ヲ射殺ス」と記しています。日記には本音が出るもの。彼の頭の中には、無謀な青年将校たちの行動は、暴力団並みとしか思えなかったのでしょう。

二、郷土の教育・文化振興

防長教育会・防長倶楽部・両公伝編纂

この時期の上山は、貴族院議員として国政で活躍すると同時に、郷土山口県の教育・文化向上のためにも多大の貢献をしています。教育面では、これよりかなり以前から防長教育会の活動に関わっていましたが、その延長線上でこの時期にさまざまな分野で、注目すべき業績を残しています。

防長教育会とは、明治十七（一八八四）年に長州藩旧藩主毛利元徳の提唱により、毛利家はじめ二千三百余名からの多額の寄付金をもって、明治十七年に創立された日本最古の民間奨学団体で、顧問の井上馨をはじめ、役員には防長出身の多くの大物政治家、財界人が名を連ね、資金額も全国育英事業団体中の第一位でした。前にも記しましたように、家計の苦しかった上山が大学を卒業できたのもこの会のお陰によるところが大きかったのでした。それだけに、上山は防長教育会への恩義を深く感じ、早くから本会の活動に深く関わり、本会の目的たる優れた人材育成のために、多忙の身でありながら、絶大な尽力をしまし

た。『伝記』にも、

明治三十二年四月、始めて本会役員となって以来、薨去《こうきょ》に至るまで、ときに中絶したることはあったが、ほとんど常続的に評議員、理事、学生監督、常務理事として本会のため尽瘁し、井上侯薨去後は、実に防長教育会の柱石であったと称しても過言ではない。

とあり、また『防長教育会百年史』(一九八四年、防長教育会)でも、「上山は防長教育会貸費制度を強化拡充した最大の功労者、生涯にわたり防長教育会のために力を尽くした」と、その貢献を特記しています。

ところで、防長教育会は発足の当初から毛利家と深いつながりのある事業団であり、上山はこれに深く関わることから、毛利家との関係がいっそう密接となりました。そして、大正十一年十月、維新の偉業を成し遂げた旧藩主毛利忠正(敬親)・忠愛(元徳)の伝記(両公伝)編纂所が開設されると、その所長を依嘱されました。両公伝編纂事業は、忠正の誕生から忠愛の死去に至るまでの七十数年間の二人の事蹟と各時期の教育・軍備・産業・財政・民政等各種の概要及び朝廷・幕府の状勢等を究明することを目指すもので、すでに十年近く以前から着手されていたのでしたが、上山はその大事業の指揮をとることとなったのでした。そして、台湾時代の一時期を除いて昭和四年末まで七年間にわたって所長を務めました。貴族院議員と両公伝編纂所所長とではあまりにも仕事の性質がかけ離れているような気もしますが、そこには上山独自の思考回路があったように思われます。

すでに述べましたように(七十一頁)、上山には、日本を護持していくためには天皇制が不可欠であるという確信があります。明治以降の日本が目覚ましい発展を遂げたのも、明治維新で王政復古を成し遂げたからと考えるのです。そして、その明治維新の原動力となったのが防長の尊王攘夷運動だが、それは防長には古くから天皇崇拝の思想が強かったからだというのです。そして、だからこそ防長の歴史を学ぶことには、将来の日本を考えていく上でも重要な意義があると考えていたようです。したがって、このような信念の上山は、両公伝編纂所の所長を依嘱されたことを非常に光栄と受けとめ、国政だけでなく、編纂事業にも多大の力を傾注したのでした。

防長二州で格別に天皇崇拝思想が強かったというと、政治優先の、非学問的な史観のようにも思えますが、実は、そのような見方が古くから防長にあったのは事実です。たとえば、明治四十四年に中原邦平が著した『忠正公勤王事績』においても「毛利家は始祖以来、朝廷とは深き縁故をもっておる家柄」であったことがいくつもの史料をあげて強調されています。こうした史観をどう評価するかは意見の分かれるところですが、上山はもとより、両公伝編纂に携わる歴史家にはこの史観を継承するものが多く、上山が創立に関わった防長倶楽部の機関誌『防長倶楽部』には、彼らの「勤王の国風」に関する論文が多く掲載されるようになりました。これは、大正十二年十二月に山口県出身の一青年難波大助が皇太子を狙撃した「虎ノ門事件」直後から起こった国家主義を鼓吹する運動と連動してのことだったといわれています（広田暢久「毛利家編纂事業史」〈其の四〉『山口県文書館研究紀要』第八号）。

とすると、これらの論文には、現実の政治思想を優先するあまり、学問的客観性に欠けることが懸念されますが、実は、上山自身がその誤りを犯しています。これに関しては、前掲広田論文で詳しく紹介されているので、ここではそれによって、結論部分だけを述べておきましょう。

これは、「毛利家奉勅討伐論争」と呼ばれた、学習院教授瀬川秀雄と上山との間で行われた歴史学論争で、その発端は、瀬川が『毛利元就卿伝』を執筆した際に、元就が勅（天皇の命令）を奉じて陶晴賢を討伐したということは確実な史料がないので本文中に記載しないで、付記にとどめたことでした。これに対して上山が、「奉勅討伐」について記されている「中古日本治乱記」は単なる私書ではなく、一種の公文書で、「信をおくにたる」という立場から瀬川説に反論し、昭和六年にその意見書を毛利家に提出したのでした。もちろん上山は、これ以外にもいくつもの細部にわたる反論材料もあげ、さらに東京帝大史料編纂掛の渡辺世祐に「中古日本治乱記」に対する評価を求めたりもしています。しかし、これは広田論文からみて、瀬川説の方が正しく、上山の反論はあまりにも無謀だったとしか思えません。「勤王の国風」が、防長には戦国時代から見られたことを強調したい上山の勇み足だったというべきでしょう。

なぜそんなにまでしてそれを強調したかったのか、それは、当時しきりに言われていた「防長精神」の高揚をはかるうえで、「勤王の国風」が防長には古くから伝統的にあったことを明らかに出来れば発言に説得力が増すからと思われます。しかし、そのために史料解釈が粗末になったのでは、歴史学としては本末転倒です。したがって、この点での上山の誤りを認めないわけにはいきません。

しかし、それにしても一政治家が大学教授相手に中世史料の解釈をめぐって論争を挑むとは非常に珍しいケースで、このことからだけでも、上山の郷土の歴史に寄せる思いは常人の想像を絶するほど強力だったのは確かと思われます。そこには並々ならぬ郷土愛があったことが読み取れます。郷土愛は歴史を学ぶことによって培われるという思いが上山には早くからあったようですが、その気持は老境に入っていっそう高まったようです。それは、以下の面からも窺われます。

郷土史研究への助成

両公伝編纂所を辞してからの上山は、郷土の史跡保存や郷土史研究の出版助成に強い情熱をもって取組み、私費を投げ出して多くの成果をあげています。それらについて述べる前に、誤解をなくするために一言記しておきたいことがあります。

それは、前項で「防長精神」、「勤王の国風」云々と言ったことと関連することです。前項で見る限りでは、上山の頭の中には「防長精神」高揚のために「勤王の国風」が伝統的に防長に古くからあったことを強調したいという思いが常にあり、上山の歴史学は、そういう現実の政治意識と深く結びついていたと考えられます。現実との関係で歴史を考えること、それ自体は大切なことですが、ただ、政治意識が強すぎると、往々にして特定の価値観のみで歴史を捉え、他の、自分の学説を構築する上で不都合な史料を切り捨てることがあります。とくに戦前の歴史学ではその傾向が強かっただけに、上山の場合もそれが懸念されますが、しかし、上山にはそれはなかったようです。そのことは、上山が助成して出版させた多くの書物からも明らかです。これはやはり、上山が心から歴史を愛していたからだと思います。次の一例からもそれは窺われます。

昭和四年、東京帝大文学部国史学科を卒業し、両公伝編纂所に入った三坂圭治は、入所後早々に上山から、上山の郷里・防府の郷土史（『防府の今昔』）執筆を依頼されます。以後、三坂は『両公伝』編纂とこの仕事の双方に没頭し、毛利家所蔵の文書記録約三万点の中より防府関係の事項を抜粋し、昭和十九年にやっと完成にこぎつけたのでした。多年にわたる周到な調査の産物だけに、本書は現在も学術的にきわめて高い評価を受けています。ただ、本書は普通の市町村史類とは叙述形式が大きく異なって、年表形式をとり、項目ごとに編年的に記し、出典を注記しています。この形式にしたことについて、三坂は本書の「緒言」で、大略、次のように記しています。

昭和初年ころから全国的に郷土史研究が活発化し、多数の書物が公刊されるようになったが、しかし、それらの多くは出典名を秘して功の独占を図ったり、あるいは史料を無視して口碑・伝説に依拠するなど、学問的に甚だ未熟だった。そこで、自分はこうした郷土史研究の風潮が「斯学の発展を阻害すること甚大なる」を憂え、「本書を読物として著述するよりも、むしろ編年的に綱文を掲げ、その下に出典を注記して史料の所在を明らかにし、将来の研究に資するをもって時宜を得たるの計画」と考え、そのことを上山翁に伝えたところ、「翁ことごとく予の意見を賛せられ」たのでこの形式にした。

要するに、読物形式にすると著者の価値判断が入って、誤まりを犯す危険性があるので、それを防ぐために年表形式で項目ごとに客観的事実とその出典のみを記して一書物とするというわけで、随分変わった形式の自治体史ですが、上山もこれを快く了承して、この形式に決したのでした。これは、あくまで客観性を重視する三坂の強い気持の現れですが、上山がまた三坂の考えに同意したところからみて、上山も歴史書は基本的に客観性を尊ぶべきという考えを強くもっていたと思われます。

三坂はこれ以外に、上山の依頼に応じて昭和八年に『周防国府の研究』を刊行しています。これは、『防府の今昔』刊行を目的に調査を進めているうちに、国府に関してはあまりにも史料が豊富であり、しかも三坂の行ってきた研究成果は「ただに周防の一国にとどまらず、実に全国的価値を有する貴重なものとなるに至れり」(同書「序」)と上山が判断して、国府に関する研究部分のみを、『防府の今昔』に先立って単独で出版したのでした。

周防国府は、律令国家の解体後も東大寺の知行下におかれ、中世・近世を通じて、この地は国衙領扱いで保護されていたこともあって、珍しく規模や景観がよく保存されていたのでしたが、それだけに、この地域にはじめて学術研究のメスをいれた本書は広く注目を集め、昭和八年には黒板勝美東大教授も現地を訪れています。その学問的反響は大きかったようで、「以来、周防国府跡は全国八、九〇ほどの国府跡研究のモデルとして、方一町の碁盤目状の計画的地割をもつ数町四方の国府空間が各地で追究されることとなった」（八木充「周防・長門国府と山陽道」『図説・山口県の歴史』一九九八年、河出書房新社）といわれています。

　そして、昭和十二年に国史跡に指定されたのでしたが、平成十（一九九八）年現在、国指定国府跡八カ所のうち、太平洋戦争以前の指定は本史跡だけとのことです。これだけのことが出来たのも、三坂の努力もさることながら、上山の物心両面の支援があったからこそのことでした。

『防長地名淵鑑』は、独学で郷土史研究を始めた御薗生翁甫が長い年月をかけて、防長山野を経巡り、足で書きあげた貴重な地誌ですが、上山はこの本の出版を防長倶楽部の役員に図り、その同意を得て、補助金を支出して、約千頁にわたる大著を昭和六年に刊行しました（渡辺世祐「上山満之進君を偲ぶ」『追想録』）。その序に上山は大略、次のような内容の一文を寄せています。上山がどのような思いからこの書物の刊行を助成したのかがよく分かります。

　聞くところによると、周防人御薗生氏が防長地名淵鑑《えんかん》の著述に着手したのは、大正年間のことで、金銭を賤《いや》しんで寸陰《すんいん》を重んじ、こつこつと日夜研鑽し、あるいはみずから跋渉《ばっしょう》して山川邑里の形成を視察し、頭髪ますます白きを加うるを知らざるもののようだ。

　去年三月、私に手紙を寄こして本書出版のことを相談してきた。目的は郷土教育に資するにありて、いささかも名利に関係ないことだ。私はその志に感じ、大いにその行動に賛意を表す。その後二十ヶ月、今や稿を書き終え、序を私に頼んできたので、開いてこれを読む。東西三十有六里、上下三千年、これを地名の淵源にさかのぼり、地にかけて史を述べ、防長人の飛躍活動と波瀾万丈の生活におよぶ。記事該博にして考証精緻、旧説の是非を論列し……（中略）ゆえに本書を大正昭和時代の特産物と称するを得べし。すなわち、その防長地理歴史を考究するうえで益するところ大なること知るべし。

ここからも分かるように、上山は出版助成する場合、常に原稿の内容を吟味し、有益と判断したものを出版していたようで、ここには優れた史眼と郷土の歴史に対する強い愛着をもっていたことが読み取れます。その上山に高く評価されて出版の栄を得た御薗生は、

本県出身名流の集団たる防長倶楽部は、この書出版に関する全資を投じて予の志業を達成せしめる。……（中略）かく援助を賜ること、まことに過分の光栄にして、垂恩洪大感佩にあまりありといえども、そもそも上山満之進閣下の首唱するにあらずんば、いずくんぞよく今日あるを得んや。

と、本書の「自叙」で上山への感謝の意を表しています。無名の郷土史家だった御薗生は本書出版により一躍、歴史家としてその名が広く知られるようになったのでした。そして、御薗生はこれ以後、『防長造紙史研究』、『大内氏史研究』などの大冊を次々と刊行し、三坂と二人で防長史の研究を飛躍的に進展させたことは、防長史に関心のある人ならだれしも知っているところですが、それらは上山のバックアップがあったからこそ達成されたことを知る人は意外に少ないようです。

右以外に、上山は萩出身の香川政一に託して『英雲公と防府』を、また、前記渡辺世祐と東京商科大学

教授川上多助に託して『小早川隆景』を著述せしめています。両書とも学問的価値の高い本であることのみを記して、それ以上の説明は割愛させていただきます。

史跡保存・顕彰運動

上山と毛利家の関係は、学生時代に防長教育会の恩恵を受けていたときから始まり、その後、防長教育会や防長倶楽部の諸活動で関係は深まり、さらに両公伝編纂所所長となり、いっそう緊密になりましたが、そうした経歴から、より信頼度が加わったのか、昭和四年には毛利家家政協議人を依嘱され、受諾しました。なにごとにも積極的な上山のことですから、協議人としても毛利家護持のためにいろいろと心をくだいたことでしょう。とくに毛利家の歴史に詳しく、その伝統継承に強い意欲をもっていた上山であってみれば、毛利家の誇るべき歴史を後世に伝えたいという気持が人一倍あったことと思われます。そこから、前にも述べましたように、歴史学者瀬川秀雄を相手に「毛利家奉勅討伐論争」まで起こしたのでしたが、そうした学問とは別に、毛利家の史跡保存も本気で考えたにちがいありません。その思いを実現させたのが備中（岡山県）高松城址の保存運動です。

毛利氏の歴史の中でももっとも人びとの心を打つのは、高松城で秀吉の水攻めに抗して戦っていた毛利軍の武将清水宗治が毛利家を守るために死を遂げる場面ですが、上山はこの感動的スポットを永く後世に伝えることを念願して、昭和十一年から死の直前まで保存運動を続けたのでした。

また、これより先、上山は防府町牟礼の敷山城址の顕彰に力を注ぎ、昭和十年六月には国の史跡指定を受けています。しかし、この両史跡については『伝記』に詳しく記されていますし、それ以上に追記すべき資料も持ち合わせていませんので、すべて省略して次へ急ぎます。

枢密顧問官時代 ―― 最晩年

一、期待された顧問官

「近頃の秀逸だ」

目に余る軍部の横暴、政党の腐敗で不吉な予感が漂いはじめた昭和十年の十二月九日、上山は枢密顧問官に親任され、貴族院議員を免ぜられました。枢密院とは、重要な国務や皇室の大事について審議する、旧憲法下での天皇の最高諮問機関で、元勲（明治維新の功労者）および国務に熟達した人物と閣僚により構成されていました。

この上山の枢密院入りを世間はどう感じたのでしょうか、翌年一月刊の『昭和之実業』第二巻第一号には次のような記事が見られます。

上山満之進の枢密院入り――たしかにこりや、岡田内閣としては近頃の秀逸だ。といっても、民政党系の言うこと、政友会系はにが虫を潰しているかもしれぬ。

それに彼はなかなかの理屈屋で堂々と理論をかざして進んで行こうという気概があり、見ようによっては、枢密院の論戦に波乱を多くするようなもので、闘将としての彼が今後は相当に期待される。

右のように上山が枢密顧問官になったことを喜び、活躍を期待した人は多かったと思われます。その期待の理由として、右の記事に続いて次のような記述もしています。少し長い文章ですが、政治家上山の人柄がよく描かれているので、引用しておきましょう。

（台湾総督辞任後も）彼は相変わらず貴族院の闘将として議場を賑わし、論壇の雄として各方面からもてはやされてきたものである。しかもますます盛んで、若いものにも屈しようとしない。

昭和七年夏の臨時議会においては軍統制問題で荒木陸相に迫り、しかも勅諭を引用して軍紀保持問題のことに論及したところからいたく軍部を刺激し「統帥権干犯だ……」と肩をいからした軍人もあったくらいで、彼の言説はそれほど痛烈であり、しかも軍部ばかりでなく、政党にも当たり、党弊の甚だしいことを挙げ、「政友会は強盗、もっとも民政党も窃盗ぐらいには価するかもしれぬが……」というようなことがあり、政友会の激昂を買ったもので、ついに議場で取消しの余儀なきに至ったものである。……（中略）それほど元気なお爺さんであるから、今度枢密院に入っても、いたずらに「養老院」の渾名をそのままに引っ込んでおるようなことはなかろう。ややもすれば最近の枢密院がいたずらに小姑いじめのように見られがちであるのに、彼のような高論家が入ったことは面白い。

ここから、抜群の行動力により、危機に瀕している政界に対して、枢密院から少しでも新風を吹き込んで欲しいという期待が寄せられていたことが感じ取れます。

また、「東京朝日」（昭和十年十二月八日付）は次のように報じています。

氏はかねてから枢密顧問官候補と目され、斎藤内閣以来屢々選考中の一人に疑せられていた。しかして今度の選考について三、四名候補者が考慮されていたが、このほど政府、枢府両者間に上山氏を推すことに意見の一致をみたものである。上山氏はその閲歴からみてまず文句のない人選であるが、岡田内閣で最初に選考した顧問官としてはとくに異色のあることともいえないであろう。

ここでは、上山のこれまでの実績からいって、当然の人選で、サプライズではないという受けとめ方をしていますが、政友会や軍部にはこの人選に不満を感じた人も少なくなかったことでしょう。しかし、当時の全般的情勢から見て、上山のような清廉潔白にして気骨ある政治家を選んだのは、『昭和之実業』の筆者が言ったように「近頃の秀逸」だったのではないでしょうか。

病をおして

当時の枢密院書記官長村上恭一によると、上山を枢密院に推挙したのは枢密院議長一木喜徳郎で、上山はこの任官を喜んでいたようです。最後の奉公の場を与えられたことを嬉しく思ったのでしょう。しかし、脚部に痛みをおぼえ、歩行に少しく難渋を来す状態でした。

しかし、それにもかかわらず先生はすこぶる元気であった。枢密院における長からぬ活動の期間中、当然のことながらよくその職務に尽くされた。毎週一回の定例参集にもほとんど欠かさず登院されたように記憶する。幾たびか審査委員会に指定せられてその委員会の会議にも臨み、また本会議に列して、あるいは質問に、あるいは警告に屢々有力適切なる発言をせられた。親しくこれを聴く私は、かつて先生が貴族院において勇敢に行動せられたことを想起するのを常とした（村上恭一「枢密院における上山先生」『追想録』）。

と記されているように、不自由な体でなお政治に強い意欲をもっていたのですが、十一年十二月、脳溢血のため倒れ、爾来病床の身となりました。

しかし、特記したいのは、病床に伏す一年前から七十歳で亡くなるまでの約二年半の間、郷土文化発展のために尽くし、最後の最後まで郷土愛の情熱を燃やし続けたことです。

二、郷土愛の結晶――三哲文庫

なぜ「三哲」か

すでに早くから上山は、自分の歿後に遺産を公共事業に寄付したいと考えていたようでしたが、昭和十年に至り、生前に防府町に図書館を建てることを思い立ち、町へ「寄付覚書」（『伝記』所収）を提出しました。それには、図書館を新築して、防府町へ寄付する、建設費を五万円とし、いっさい条件は付けないが、ただ、図書館の名称は「願わくば三哲文庫の名を付せられたし」と、「三哲文庫」の名称だけを希望していることが記されています。そして、三哲とは吉田松陰、品川弥二郎、乃木希典の三人で、それを選んだ理由を次のように説明しています。

三先生は防長の先輩中、小生の最も深く徳風に感佩《かんぱい》する哲人なり。二州の先輩は指を屈するにいとまあらずといえども、その一生の境涯、むしろ不遇にして、かえって世人に景仰せらるるの士、三哲の右に出づるなきがごとし。けだし、勲爵赫々《かくかく》たる人はためにかえって崇高なる人格の覆わるるがゆえならんか。

この三人は、数多ある防長の先輩の中でも最も尊敬する方々だからというわけです。そして、右に続けて「今回小生の寄付せんとする図書館に学ぶもの、三哲の遺風を顕彰せんことをこいねがうことせつなり」と結んでいます。

ところで、この三哲についてですが、実はこれより二年前、上山は三哲の遺墨を集めて一巻とし、その由来を記した「三哲遺芳来由記」と題する冊子を刊行しています（『伝記』）。そして、その中に三哲を尊敬する理由について、右の「寄付覚書」よりもやや詳しく書いていますので、紹介しておきましょう。

天下に士君子はもちろん数え切れないほどある。わが長藩の維新前後の時代にも人材は輩出した。しかるに、そのうちで特に三先生を選んでその遺墨を一巻となした私の意味はほかではない。三先生は逆境の人であった。人間の真価は逆境において発揮せらる。維新前後の功臣にも私の親交した限りにおいてさえ、風格の奥床しい人も少なくなかった。しかしながら、これらの先輩の多くは勲業赫灼たる人であって、したがって天賦の美質が勲業に覆われた形がある。また、勲業に付随して多少の批判もあった。三先生のごときは、逆境に立たれていたので、天然の本質が流露して、まったく人の師表たるべき方々である。

三哲は、「逆境の人」であった、人間の真価は逆境において発揮される、逆境に立ってこそ、天然の本質が流露し、人の師となれる、だから自分は三哲を尊敬するという考え方です。「逆境の人」だから尊敬するという考えには、崇高なものを感じます。それまでの上山だったら、「尊王の国風」を体した人物だから尊敬すると言いそうな気がするのですが、そうではなく、「逆境の人」だから尊敬すると言ったのには、なにか理由があるのでしょうか。

この年、上山は六十五歳。春には心臓病で数日間の治療、七月には眼底出血を煩っており（『伝記』）、体力的に衰えを感じ始めたことでしょうが、精神的にも、功名栄達ばかりにはしる政界の空気に違和感がつのり、孤独感にさいなまれることも多かったに違いありません。そんな上山にとって、「勲業赫灼《かくしゃく》たる人」よりも「逆境の人」こそ真に尊敬できる人という心境になってきたのではなかろうかと私は推測するのですが、いかがでしょうか。

防府市江泊山麓に立つ墓碑

上山は生前、自分の墓石について「野面石を用い、単に『上山満之進墓』と刻し、いやしくも高大なる墓碣は堅くこれをさくべし」と言って、墓石に位階勲等を刻むことを禁じていたのですが（杳屋百合輔「上山先生追憶の一片」『追想録』）、これも右の心境と通ずるものがあるのではないでしょうか。「逆境の人」として三哲を尊敬し、自分の墓石を野面石にして欲しいと願った晩年の上山に、若い時代の上山以上の魅力を感ずるのは私だけではないと思います。

なぜ乃木希典を三哲に入れたのか

それにしても、上山は三哲の一人になぜ乃木希典を入れたのか、私は長い間、それを不思議に感じていました。品川弥二郎は、前にも記しましたように（三十七頁）、学生時代から指導を仰ぎ、深く尊敬していた人物でしたが、乃木についてはなぜこれを入れたのか、その理由が知りたかったのでしたが、最近、若い宗教史研究者松本郁子氏の『太田覚眠と日露交流――ロシアに道を求めた仏教者』（二〇〇六年、ミネルヴァ書房）という書物を読んで、少しそれが分かったような気がしてきました。そこで、本書で乃木について述べられている部分の一部を以下に要約して記しておきましょう。

太田覚眠《かくみん》は西本願寺派の開教使で、明治三十六年にシベリアに渡り、日露戦争期には従軍僧として戦場を駆け巡り、日本軍およびロシア軍双方の死者の弔いに従事した人物である。その覚眠が、三十八年三月九日、大石橋会戦の戦場で「敵の屍体」に向かって「読経念仏」をしているところに乃木が現れ、「従軍僧はこの光景をいかに見られるか？」と訪ねた。これに対して覚眠は、「まことに残念なことと思います。しかし一殺多生〈自らの命を犠牲にして多くの人の命を救う〉の意）です。大なる平和を得んがためには忍ばねばならないのでしょう。一殺多生は菩薩の行です。菩薩行をしておられるのでしょう」と答えた。

すると、乃木はちょっと考えたあと、「一殺多生菩薩行、まことによい言葉じゃ。しかし、私のはその反対で、一生多殺（〈多くの人の命を奪いながら、自分ひとりが生き残る〉の意）。一生多殺では極楽参りはできないだろう」と言って去っていった。

それから約六年後の明治四十四年、ウラジオストックで乃木に再会した覚眠が大石橋会戦のときのことを話すと、乃木はすぐに思いだして当時のことを懐かしく語り、別れ際に一枚の紙を覚眠に手渡した。そこには「一殺多生菩薩行、一生多殺恥残生」と記されていた。

屍《しかばね》山をなす戦場で乃木と従軍僧の間で右のような会話が交わされていたとは信じられないような気もしますが、しかし、この部分は覚眠が後年綴った手記「乃木将軍の一逸詩」（『大乗』昭和十三年六月）に基づいて著者が叙述したことであって、その内容が史実であることは確かと思われます。そして著者は、その事実を踏まえてさらに一歩踏み込み、ここで乃木の言った「一生多殺」は、「味方の兵士」だけでなく、「敵の兵士」も含めてのことで、「日本人のみならず多くのロシアの青年の命を奪いながら、老いぼれた自分ひとりが生き残った」という意味が込められていたという解釈をしています。これを読んだとき、「そこまで拡大解釈してもよいのか」と、一瞬私は思ったのですが、松本氏は次の理由からその解釈が正しいことを主張しています。

すなわち、乃木が最初に覚眠に声をかけたのは、覚眠がロシア人の遺骸に対して供養しているときで、これは乃木がその行為に関心をもったからであろうと考えられること、また、二人がのちに再会したときに乃木が、ロシア人がいるところで再会できたことを「不思議なご縁」と述べており、ここからも「乃木がロシア人の死者に対する哀惜の念を忘れていないことが読み取れる」こと、さらに、S・ウォシュバン著『乃木大将と日本人』に、日本海海戦の際に戦死したロシア兵に対しても乃木が深く同情していた記事が見られることなどを理由としてあげていますが、なかでも私がもっとも心をうたれたのは、このウォシュバンの記事です。

松本氏の著書によると、ウォシュユバンは乃木の第三軍のもとにいたアメリカ人従軍記者で、日本海海戦で東郷の連合艦隊が大勝した際に乃木が「わが海軍は大勝を得た。しかし忘れてならないことは、敵が大不幸をみたことである。わが戦勝を祝すると同時に、またわれわれは敵軍の苦境にあることを忘れないようにしたい。彼らは強いて不義の戦いをさせられて死についた。りっぱな敵であることを認めてやらねばならない」と述べたことを記しているようです。松本氏はこのことを紹介しながら、「ここには乃木の人柄と思想がよく現れている」と記しています。

乃木については、早くから「名将論」、「愚将論」いろいろな評価がありますが、本書を読むと、安易に司馬遼太郎の「愚将史観」に惑わされてはならないという気がしてきます。乃木は日露戦争で勝典、保典の二人の息子を失いました。それでいてなお、わが子の命を奪ったロシア兵たちを憎むどころか、その死を深く悼んでいたことを知らされると、この一点からだけでも、乃木には当時の一般軍人にはない心優しい面があったように私には思えてなりません。そして、もしかしたら、上山も乃木のこのような偉大な面を知っていたからこそ三哲の一人に乃木を加えたのではなかろうか、と最近になって私は思うようになりました。もしかしたらというのは、先にも述べたように（四十頁）、上山は日露戦争期に児玉源太郎、寺内正毅、乃木ら防長出身の軍人たちとも知己を得ており、その人柄まで深く知ることの出来る位置にいたと思えるからです。すでに記したように、三哲は「逆境の人であった」と上山は書いていますが、乃木はまさに「逆境の人」だったと言えましょう。そう考えれば、上山が乃木を三哲に入れたのは少しも不思議なこととは思えません。

悲願の三哲文庫完成

さて、上山の図書館建設の申し出に倉橋防府町長は感激し、さっそく敷地を決定し、設計も完成したのでしたが、まもなく上山は病に臥す身となりました。それに、昭和十二年には日中戦争の勃発により物価が高騰し、当初の予算では建設不可能となり、一時、企画は中止されました。

しかし翌十三年、やや健康を回復した上山は、規模を予定より縮小し、上山歿後は東京高輪の私邸を売却して建設費にあてることにして、ふたたび着手することを決意しました。そして、実行に移す段取りになっていたのでしたが、その年の七月三十日、七十歳で死去し、建設も再度中止されてしまいました。

しかし、その後、遺族は故人の遺志を継いで、全財産であった高輪の邸宅を売却し、翌十四年にあらためて寄付申し出を行いました。邸宅売却の際、上山家の窮状を察した日本画家の松林桂月が斡旋に入り、売却方を依頼してあった三井信託の方を解約させて、久原財閥の総帥久原房之助に「上山方の言い値で買わせてようやく寄付を完了した」（松林桂月「上山君逸事の二、三」『追想録』）という話も伝えられています。

かくて、昭和十五年十二月に竣工、十六年三月に「防府市立三哲文庫」として開館しました。三哲文庫こそは、郷土愛に徹した上山の人生の総仕上げの事業だったといえましょう。全国的にも日中戦争のさなかに、一個人がこれほどの大金を公共団体に寄付して図書館を建設した例はなかったのではないでしょうか。

それだけに、この上山の熱烈な郷土愛に地元防府の市民は心をうたれ、これに共鳴して図書の寄贈や金銭の寄付を申し出る人も多かったようです。また、開館当時、閲覧者も連日多数で、大変に熱気がこもっていたことも当時の新聞から読み取れます。藤本町の防府商業学校（現・防府商工高校）前に姿を見せた白亜のモダンな建物と上山の偉業に、防府市民は誇りを感じたと、当時を知る古老は今も語り伝えています。

ただ、残念なことに三哲文庫の名称は、敗戦直後に占領軍への遠慮から廃され、防府市立防府図書館と改称されました。そして、今では三哲文庫の名称を記憶している人も少なくなっています。しかし、全私財を投じて図書館を市へ寄贈した上山の郷土愛の精神は、末永く受け継いでいかなければならないと、私自身、一防府市民としてしきりに思うことです。

Ⅱ　上山満之進の思想を現代にどう活かすか

嘉義市と防府市の文化交流の可能性

児玉　識

一、上山家寄贈の陳澄波の画――「約一世紀の神隠しのあとに」

まず最初に、なぜこのようなテーマを設定したのか、その糸口から申し上げましょう。私は昨年夏、台湾出身画家陳澄波（一八九五―一八四七）の調査で、その故郷台湾嘉義市を訪問しました。それは、本書Ｉの「台湾総督時代」の「追記　台湾画家陳澄波について」の項で記したように、陳澄波は上山が台湾総督辞任の際に本人から依頼されて台湾東海岸の風景画（正式名称は「東台湾臨海道路」、このことについては、一五七頁参照）を描いたのでしたが、その画が防府市立防府図書館の書庫に収蔵されていること、その陳の作品がいずれも近年、国際的に非常に高い評価を受けていること、また、陳は昭和二十二年の二・二八事件で非業な最期を遂げたことなどをはじめて知り、この画家についてもっと詳しい知識を得たいと思ったからでした。

短期間の滞在でしたが、陳家のご家族はじめ多くの方々の親切な導きのお陰で、数々の新知見を得ると同時に、いくつもの貴重な体験をしました。なかでももっとも驚いたのは、嘉義市のみなさんが私の訪問をことのほか喜んでくださったことで、市内各地の陳澄波にまつわる遺物を懇切に案内していただいたうえに、わざわざ私たち夫婦歓迎の昼食会まで開催していただきました。その席には、嘉義市副市長の侯崇文氏ほか房婧如、黃瀞誼、呉松村、陳哲、頼萬鎮、李淑珠氏ら、行政、美術、大学関係者らが多数列席して、陳の画が防府に存在していることを私が紹介したことに対する懇ろな謝辞を述べてくださいました。私は絵画にはまったく無知ですし、たまたま知り得たことをインターネットで陳家の人々に伝えたまでのことで、過分の言葉をいただき恐縮しましたが、しかし、話を聞いているうちに、嘉義市民には、陳澄波の画は何物にも代えがたい貴重な文化財として受けとめられていること、とりわけこの画は、これが描かれた一九三〇（昭和五）年の「台湾日日新聞」に写真が載せられているものの、所在が不明で、長い間、いわば「まぼろしの画」だっただけに、それが防府市に現存していることに嘉義市の美術関係者が一様に驚き、かつ喜ばれたことが分かり、私も非常に嬉しく思いました。こんなことから、私の気持もしだいに和んで、昼食会も大いに盛り上がり、ついには、この画を長く保存しておいてくれた防府市と嘉義市とで友好関係を結ぼうという話まで持ち上がり、画の反響の大きさをしみじみ感じさせられました。

その翌日帰国したのでしたが、その直後にこの日のことが台湾の新聞で報じられました。さらにしばらくして、台湾の美術雑誌『今藝術』二七七号が私のところへ送られてきましたが、それには「近一世紀的神隠 AFTER MISSING FOR NEARLY A CENTURY 陳澄波〈東台湾臨海道路〉現身日本」（約一世紀の神隠しの後に――陳澄波の「東台湾臨海道路」が日本に現存）と題して、この画を私が紹介するに至った経緯や私が訪台したことが詳しく記されていました。「神隠し」といった表現にはちょっと驚きましたが、しかし、これら新聞、雑誌の記事からも、歓迎会の席で多くの方が述べてくださった言葉は、単なる社交辞令ではなく、防府市に陳の画が現存していることを知って心から喜んでの発言であったにちがいないと実感しました。そして、このことを親しい何人かの知人に話しましたところ、嘉義市での体験を無駄にしないで、これを嘉義市と防府市の親善に役立てるよう、広く市民に働きかけたらどうかと言われました。

正直なところ、これまで私は歴史学の研究に携わりながらも、その成果を社会に還元しようということにはきわめて消極的でした。そういうことは政治家か行政マンにまかせ、研究者は客観的史実の追求に専念するだけで、それ以上に口を挟むのは僭越《せんえつ》だという立場を無意識のうちにとっていたからです。

しかし、最近、徐々にこれまでの私の考えに変化が生じてきました。それは、陳の画に対する嘉義防府市の方々の熱気を肌で感じたことから起こった現象です。たとえ誇張表現にしても、市の防府市所有の画が権威ある芸術雑誌で「約一世紀の神隠し」という言葉で紹介された事実を知ったものとして、このことは防府市民に伝える責任があると考えるようになりました。また、嘉義市と防府市で友好関係を結ぼうと言われた言葉も重く受けとめ、心ある人々とこの問題を真剣に考える必要があるという気持が湧いてきました。

二、画の保存・展示

ならば、具体的にどうすべきか、以下に若干、思いつき程度のことを述べてみましょう。今後の本格的検討にわずかなりとも参考になれば幸いです。

まずもっとも肝要なことは、昨年末に防府市から福岡市アジア美術館に十年契約で寄託された陳の画をなるべく早い時期に防府市に返還してもらうことだと思います。そもそも、防府市内に適当な保管施設がないということで寄託されたようなので、なんとか市内に保存可能な施設を確保することが先決ですが、その方策は皆無なのでしょうか。防府市の財政状況から、美術館の建設が困難なのは明らかで、そのため展望が開けてこないのが実情ですが、しかし、まだそれ以外の方途を検討する余地もあるのではないでしょうか。

たとえば、美術館の関係者から聞いたところによると、最近は絵画の修復・保存・展示技術の進歩には著しいものがありますが、なかでも注目されるのは岩井希久子氏によって開発された「脱酸素密閉法」という技法のようです。これは、絵画をその大敵である酸素に触れさせないように密閉する技法で、経費もあまりかからず、これにより経年劣化の防止が飛躍的に前進し（『ソリストの思考術・岩井希久子の生きる力』二〇一四年、六耀社）、近年、この技法が多くの関心を集めているようです。ちなみに、香川県直島の地中美術館に展示されているモネの「睡蓮」もその成果を活かした方法で展示されているようです。

さらに展示ケースも、強度、透明度、耐震度、セキュリティー等々の改善技術が、従来では考えられなかったほど進歩しているのも確かです。したがって、貴重な美術品の展示は優れた美術館だけでする以外にないように言われていたこれまでの常識はくつがえり、図書館や市民ホールでもこれが可能になってきつつあるようです。それに、日本画と比べて、油彩画はコーティングしているので痛みがひどくないと美術館関係者から聞いたこともあります。

もちろん、このようなことから早急に結論を出すのは慎むべきで、もっと慎重に検討する必要があるとは思います。画はまるで「生きもの」で、さまざまな条件によって微妙に変化するようで、先端技術を用いたからといって、それだけで完全にエージングを阻止できるものではないことも美術館の方の説明から理解しているつもりですが、ただ、以上のような、絵画の修復・保存・展示技術の近年における目覚ましい進展を思うと、陳の画を、元からあった防府図書館に返し、ここに保存・展示することも必ずしも無理なことではないような気がしてきます。画家、美術館関係者、有識者、文化財保存関係者等々の衆知を集めて検討すれば、きっと道は開けるに違いありません。そして、もしそれが実現するようになれば、嘉義市から、「神隠し」の画を鑑賞するために防府市を訪れる人が少なからずあると私は信じているのですが、どうでしょうか。

嬉しいことに、それに先立ち今年九月に防府市・山口市から、嘉義市を訪問される有志の一団があるようです。陳家にも行かれるとのことですが、これを第一陣に、以後、相互の行き来が頻繁になることを期待したいものです。

三、絵画を介しての交流

では、これからの交流は実際にはどうあるべきでしょうか。そのへんのことになると、これまで社会的活動とまったく無縁だった私には発言する資格はありませんが、強いてあげるならば、もともと絵画が取り持った縁ですから、やはり絵画を介した交流を進めるのもひとつの手かと考えます。と申しますのは、防府市には雪舟筆の国宝「四季山水図」（財団法人防府毛利報公会蔵）や国指定重要文化財「松崎天神縁起」（防府天満宮蔵）がありますし、また、防府からは矢野筈山、小田海僊、森寛斎、光明寺半雲など江戸時代の画家から現代の田中稔之に至るまで数多くの優れた画家が輩出しているからです。陳の画を見るのを主目的に来た嘉義市の人々は、それだけでなく、これらの作品に身近に接して喜ぶことでしょう。

一方、防府から嘉義へ行った場合、陳家を訪ね、澄波の長男重光氏から直接、澄波にまつわる思い出話を聞き、市立博物館内の陳澄波記念場の展示物、嘉義公園はじめ町中いたるところに設置されている陳作品の展示パネル、同公園内の、絵筆を手にした陳の巨大な塑像、その台座に刻まれた「我是油彩的化身」（オレは油絵の化身だ）の文字などを見て回って歩くだけで十分に陳ワールドの醸す独特の情趣に浸ることが出来ます。超絵画音痴の私でさえそう感じたのですから、絵画に趣味のある方ならきっと楽しい旅行が出来るにちがいありません。

嘉義市は人文的資源が溢れていることから、日本統治時代には「画都」という美称をもっていたとのことですが、今や陳は、その「画都」嘉義市の観光＝町興しのシンボル的存在となっているのです。

(http://www.chiayi.gov.tw/2015web/05-activites/content.aspx?id=2713/二〇一六年八月七日閲覧)

そして、こうした町の雰囲気の影響によるのか、嘉義市では、絵画を通して他地域との交流が盛んなようで、それは日本の都市との間でも行われています。たとえば、神奈川県平塚市では、嘉義市の世賢小学校と平塚市の小学生のあいだで絵画による交流会が十年も前から行われています。これは、平塚市の児童らに嘉義市に対する理解を深めさせるためにロータリークラブが企画して始めたイベントで、ここでは嘉義市で描かれた大きな油絵が平塚に送られてくるのですが、ただその絵は半分だけ描かれた未完成品で、残りは平塚の児童が仕上げ、それを平塚児童が描いた絵とともに嘉義市に返送し、世賢小学校で展示されるのだそうです(http://japan.cna.com.tw/news/atra/201608030005.aspx 二〇一六年八月六日閲覧)。

また、横浜市金沢区の南ロータリクラブでは、「児童画国際交流展」を行っています。ここでは、毎年、嘉義市大同小学校の児童の絵画と、金沢区内五つの小学校からの九十五点が一カ所で展示され、それを通して両市民同士の交流が非常にフレンドリーに行われているようです。こうしたことが長い年月継続して行われているのは、嘉義市では小学校の絵画教育が昔から非常に盛んで、それを介しての国際交流に積極的に取り組む雰囲気が町中にあるからとのことですが(南ロータリークラブ元会長松本洋一氏談)、さすがに「画都」嘉義市ならではのことと思います。

そして、こうした嘉義市との交流を促進している母体が、国際的な民間社会奉仕団体であるロータリークラブであることにも私は心をひかれます。というのは、このような身近な文化活動は、仰々しく行政に頼るよりも、特定の有志からなる社会奉仕団体が動いてこそ実現しやすいということを実感し、嘉義市と防府市の交流も、すでに嘉義市と文化交流を何年も前から続けられている右の地域の団体からそのノウハウを学ぶことができると思うからです。

同時にまた、二〇〇六（平成十八）年十一月、防府ゴールデンライオンズクラブによって上山の胸像が防府市立防府図書館に寄贈されたことを思い出します。これは、上山に深く傾倒されていた前川守登氏が、次世代の防府市民に上山精神を知って欲しいとの思いから実行委員長として奔走されて実現したのでした。このとき、私も説明文を作成することで関係しましたが、前川氏の上山へ寄せる熱い思いに深く感銘を受けたことをよく記憶しております。このことを思うと、防府市にもすでにこのときから民間人の社会奉仕団体による上山精神継承のレールが敷かれていたことは確かです。とすると、これを延長して嘉義市と防府市の絵画を介しての交流ということもあながち難しいことではないような気もしてくるのですが、いかがなものでしょうか。

ところで、絵画を通しての交流促進を提案しましたが、これ以外にどのようなことが考えられるのでしょうか。世間的つき合いの狭い私がこれ以上の提言をすると顰蹙《ひんしゅく》を買うでしょうが、敢えて今ひとつあげるならば、野球による交流も面白いのではなかろうかと思っています。以下にそれについての私見を記してみましょう。

四、野球を介しての交流

ご存知の人も多いと思いますが、嘉義市は日本の統治時代から現在にいたるまで非常に野球の盛んなと

台湾・嘉義市公園内にある陳澄波の塑像。台座には「我是油彩的化身」（オレは油絵の化身だ）と書かれている

ところです。そのことを最初に天下に知らしめたのは、一九三一（昭和六）年の甲子園での全国中等学校野球大会（現在の高校野球大会の前身）においてでした。この年から中京商業が三年連続で全国優勝したことは今でも野球ファンにはよく知られていることですが、実は、その三連覇の最初の年の優勝戦で中京商業と対戦したのが嘉義農林学校だったのです。惜しくも嘉義農林は中京商業に四対〇で敗れましたが、初出場で準優勝したことで嘉義農林の野球は一躍有名になったのでした。今でも嘉義ではこのことに誇りを感じている人は多いようで、一昨年、「ＫＡＮＯ――一九三一海の向こうの甲子園」という、この時のことを扱った映画が製作され、大ヒットしたのは記憶に新しいところです。

　このときの嘉義農林のエースで四番・主将だった呉明捷は、のちに早稲田大学に進み、打者として大活躍、一九三六（昭和十一）年には通算ホームラン数で六大学野球でのタイ記録を樹立すると同時に、同年秋には首位打者を獲得しました。また、彼より五年後輩の呉昌征は、嘉義農林卒業後、巨人軍に入団し、二年連続首位打者を獲得。のちに阪神に移り、戦後は打者と投手を兼任し、今でいう二刀流で戦後初のノーヒットノーランを達成して世間を驚かせました。このほかにも、嘉義市、およびその周辺地域出身で日本プロ野球で活躍した選手は幾人もいます。

それほどの伝統があるだけに、嘉義市では今も野球は非常に盛んで、日本の大学や高校を招いて親善野球試合が頻繁に行われていますが、最近は大学、高校だけでなく、嘉義市で行われる中学校の国際親善野球大会も非常に盛会で、日本から参加する中学生チームも多いようです。そして、参加した少年たちは、試合だけでなく歓迎会や学校訪問などでも選手、生徒たちとの国際交流を深めているとのことです。これらのことは、インターネットを開けば枚挙にいとまないほど多く紹介されていますが、それらを一瞥するだけでも、嘉義市では、絵画の場合と同様に野球を通しての国際親善にも非常に力を入れていることが窺われます。

ところで、嘉義市には遠く及びませんが、防府市もかなり野球の盛んな土地柄で、巨人軍の高橋明投手や大洋ホエールズの高木豊内野手のような優れた選手も輩出しています。そうした防府市出身の多くの名選手の中でも、今でも私の脳裏に焼き付いているのは、中学時代に見た篠原一豊外野手の華麗なプレーです。

私は、敗戦の翌年に旧制防府中学に入学、三年後に学制改革によって新制防府高校に編入学したのでしたが、その二年上級に篠原選手がいました。旧制中学は五年制で、レギュラーは篠原選手だけが三年生で、他はすべて四年、五年生でしたが、その唯一の三年生が攻守走とも断然際立っており、中学時代の私たちにはそれを見るのが最高の楽しみで、しばしば球場に足を運び、見事な活躍ぶりに感動したものでした。

その後、篠原氏は立教大学に進み、やがて昭和二十六年には東京六大学の首位打者に輝きました。当時は今と違って、東京六大学野球の全盛期で、首位打者獲得のニュースが大きく報じられ、私たち草野球仲間も狂喜したのを今も鮮明に記憶しています。そんな大選手でしたから、当然、プロからの声も多かったようでしたが、卒業の年の試合中に外野フェンスに激突して頭部を強打し、プロ入りを断念。そして、卒業後は実業団の熊谷組で活躍、さらに母校立教大学や本田技研の監督、さらにはロスアンゼルス五輪の日本代表チームのコーチなども勤めました。また、ＮＨＫの甲子園高校野球放送の解説者としても有名でしたし、日本野球連盟の副会長職にあったこともあり、野球界への貢献は大なるものがあったようです。

それにしても、嘉義市の野球とはまったく無関係な篠原一豊氏の功績について詳しくこの場で述べることを奇異に感じられる方も多いでしょうが、あえてこれを記したのは、実は篠原氏がアジア野球に深く関わっていたからです。「日本経済新聞」（平成二十年六月二十日号）によると、それは一九八五（昭和六十）年に中国棒球協会から中国野球強化のために指導を要請された日本野球連盟が篠原氏を派遣したことが発端で、以後、約一ヶ月の指導を年に二度、五年間にわたって続けたとのことです。当時の中国野球（棒球）のレベルははなはだ低く、指導に苦労したようです。しかし、苦労の甲斐あって中国野球もかなり向上したようで、日経新聞は篠原氏を「中国野球育ての親」と記し、その行動を「日中をつなぐ」運動と評価しています。

この新聞記事の切抜きをいま読み返して、いろいろのことが頭をよぎります。篠原氏は日本の野球界のことだけでなく、広くアジア野球全体の発展、それを通しての国際親善まで考えていたとは、スケールの大きさに驚かされます。それと同時に、今回の嘉義市と防府市の交流を野球を介して推進しようとする企画は、そのミニチュア版のような気がして、篠原精神を受け継いで、この企画に賛同してくれる人が防府に現れてくれればよいのにという思いも浮かんできます。

篠原氏は面倒見の良い人で、本田技研の監督時代にもよく防府に帰り、実業団野球や高校野球の関係者にも親しく助言を与えていたようです（元防府商業高校野球部長末永博一氏談）。また、市役所にもしばしば立ち寄って近況報告していたとのことですが（吉井惇一元防府市長談）、とすると、防府市には直接・間接、篠原氏の感化を受けた人は多いはずです。それらの協力も得て、野球を嘉義市と防府市をつなぐ架け橋として両市の文化交流を促進したいものです。そんなことが本当に実現できるのか、「まるで夢みたいな話」と一笑に付す人が多いことでしょう。それでも、そんな夢みたいな話を語り合える仲間の輪が少しでも広がることを願っています。そして、わずかずつでもその運動を積み上げていくこと、それも上山精神を現代に活かすひとつの方法ではなかろうかと私は思うのです

台湾と山口県の文化交流の可能性

安渓遊地

はじめに

私は、奄美沖縄や熱帯アフリカの人と自然のかかわりを人類学の立場から研究してきましたが、最近は総合的な地域学としての「やまぐち学研究」にも関わっています。山口県立大学の学生実習先として台湾を定期的におとずれてきたご縁から「やまぐち学」の大先達の児玉識先生から、一文を寄せるように依頼されました。たいへん光栄なことですから、児玉先生を会長とする「上山満之進研究会」の一会員として、専門外ではありますが書かせていただくことにしました。研究会の創設メンバーである、児玉先生、上山満之進縁者の上山忠男氏と、山口県立大学国際文化学部国際文化学科の井竿富雄教授（比較政治学）には、専門外の私に多くのご教示をいただきました。

上山満之進研究会には、山口県立大学での公開講義や、文部科学省の地《知》の拠点事業のシンポジウム、山口県立大学の学生の地域実習科目、さらには山口県立大学の研究創作助成金による台湾フィールドワークなどで全面的な協力をいただいています。二〇一六年三月と九月には、延べ七人の学生が画家陳澄波の出身地の嘉義市と台湾大学図書館等での実習を行いました。

以下は、台湾実習に参加する学生たちとともに行った事前学習の内容の一部です。ほとんど予備知識のない学生向けのものではありますが、上山満之進やその影響を直接間接に受けた人々の生の声を味わってみたいと思います。その中には、台湾との人間的な交流を深めていくために、日本人として、とくに山口県に住む者としてわきまえておきたいことも含まれているはずです。

一、台湾の歴史と山口県の関係

山口県立大学国際文化学部国際文化学科では、二〇一〇年から地域実習で台湾に通っています。台湾東海岸の宜蘭《ぎらん》の博物館を訪れたとき、考古学ボランティアをしておられるという八十すぎぐらいの男性が、今日の日本では聞いたこともないような流れるように美しい日本語で「私どもの世代は散りゆく桜ですから」と「日本語世代」の現状を話されたので、実習に参加していた学生たちともども大いに驚いたことがありました。

台湾の人々が日本のことをよく知っているのに比べて日本人は台湾の歴史や現在についてあまりにも無知だと言われています。東日本大震災で被災した仙台に住む文化人類学者・沼崎一郎さんが、台湾の人々から寄せられた二〇〇億円をはるかに超える義援金への感謝の気持ちをこめて最近書かれた『台湾社会の形成と変容』(『台湾社会の形成と変容——二元・二層構造から多元・多層構造へ』沼崎、二〇一四、人文社会科学ライブラリー　第三巻、東北大学出版会)が実にコンパクトにまとまった入門書になっていますので、参考書として挙げておきます。

それでは、支配者がめまぐるしく変わってきた台湾の歴史をたどってみましょう。

台湾は十七世紀始めまでは、さまざまな出自と言語をもつ「原住民族」（日本の「先住民族」に相当）の世界でしたが、一六二四年にはスペイン・オランダが海岸付近を支配しました。その後ヨーロッパ勢を追い出した明の遺臣の鄭成功《ていせいこう》の時代を経て、一六八三年からは清朝の一部となります。反対勢力の基地となることを恐れた清朝の渡航禁止令にもかかわらず、今日の福建省や広東省から漢族が続々と海を渡って台湾に住みました。台湾の電車に乗ると、駅ごとのアナウンスが國語（標準中国語）・福佬《ふくろう》語（閩南《びんなん》語）・客家《はっか》語・英語と次々に切り替わりますが、それはこうした歴史的な多様性の反映なのです。

日清戦争のあと、一八九五年から一九四五年までちょうど五十年間日本は台湾を植民地にしました。この日本統治時代の全部で十九代の台湾総督のうち、五人までが山口県出身でした。第二代・桂太郎（萩）、第三代・乃木希典《まれすけ》（長府）、第四代・児玉源太郎（徳山）、第五代・佐久間左馬太《さまた》（阿武郡川添村、現・萩市）と、初期にはもっぱら軍人が総督を務めました。これは、武力による鎮圧を行うためだったわけです。一八九八年から八年あまりの児玉源太郎総督と副官としての後藤新平（後の東京府知事）長官の時代は、台湾のインフラ建設が進められた時代です。二人の記念館が今日の国立台湾博物館になっていて、当時は玄関ロビーにあった銅像が二〇〇八年に復活し、今は三階展示コーナーに向かい合って立っています。第八代から十六代（一九一九－一九三二）は、武人ではない文人が総督を務めた時代でした。

日本の敗戦で独立（光復）を得た喜びも束の間、中国共産党との闘いに敗れた国民党軍が台湾に拠点を移すことで、日本統治以前に大陸から移住した本省《ほんしょう》人と、戦後やって来た外省《がいしょう》人との対立が激化します。その衝突から何万人もの死者が出る内戦状態になったのが、一九四七年二月二八日からの二・二八事件です。長年にわたって、この事件は、誰もが知っていて、誰も口にすることができないタブーでしたが、本省人の李登輝氏が民主的な選挙による総統に就任した一九九〇年から、ようやく検証・研究の動きが始まり、みなさんが訪ねる予定の二・二八記念館なども建設されたのです。

二、上山満之進の学問・芸術への愛と謙虚さ

山口県出身の最後の台湾総督が、一九二六年から一九二八年まで第十一代総督を務めた上山満之進です。上山総督の退任の記念に上山が絵の制作を委嘱した陳澄波の資料に嘉義市を訪れて触れることがこの実習の柱の一つです。山口県立大学の学生実習では、さらに、直接間接に上山の影響を受けて台湾で活躍した山口県にゆかりのある人々の資料に直接触れる機会をいただきます。それは、梅光女学院（現・梅光学院）の名物教授だった先史学の国分直一（一九〇八―二〇〇五）、その恩師で戦後山口県立医科大学（現在の山口大学医学部）の解剖学教授も務めた金関丈夫（一八九七―一九八三）です。この二人の大学者の蔵書や資料が、現在台湾大学図書館に寄贈されており、私共はその整理のお手伝いをさせていただいてきたのです。

さて、二年弱の台湾総督時代、上山は当時〝蕃人〟と呼ばれていた原住民族の生活にも直接触れる機会をもち、その多彩な文化的遺産を研究することの必要性を感じていました。総督の退任にあたって、公務員が餞別を贈るという当時の慣習によって、一万三〇〇〇円という金が集まりました。当時は小学校教員の初任給が五〇円ぐらいでした。

上山は、その大金のほとんどを投じて発足したばかりの台北帝国大学（現在の国立台湾大学）に、原住民族の文化や言語の研究を委嘱しました。国分博士は、その理由を、児玉識氏の研究を踏まえて以下のように話されました（https://www.youtube.com/watch?v=cjCchGhSRI）。ここに出てくる「高砂族」とい

う言葉は、台湾総督府においては、上山退任後の一九三五年から正式に使われるようになるのですが、一九二三年ごろから徐々に使われるようになったといいます。原住民族を指す、それまでの〝蕃人〟という呼称を廃し、その中で、主に山地に住んで独自の文化と言語を保っている人々を指す〝生蕃《せいばん》〟という言葉を「高砂族」に言い換えよう、というのが上山自身の強い意向だったことが彼の書き残したものでわかります（上山満之進、上山君記念事業会『上山満之進　下巻』一九四一、成武堂、一〇六二頁）。

上山さんは、被差別部落に対して強い関心をお持ちで、差別に対して強い抵抗心をお持ちでした。高砂族は気の毒だ。いつまでもあの状態では可哀想だ。源流を明らかにすることに大学としての責任があるのではないだろうか。そうすればプライドも自覚も生まれるだろう、ということで退職金を提供されたのです。その結果、移川子之蔵・宮本延人・馬淵東一『台湾高砂族系統所属の研究』と小川尚義・浅井恵倫『原語による高砂族伝説集』ができました（国分直一著、安渓遊地・平川敬治編、二〇〇六『遠い空――国分直一、人と学問』海鳥社、二五三頁に抄録）。

気鋭の学者たちが、あやうく後述の霧社事件に巻き込まれるところを一日違いで助かったなど、文字通り命がけでおこなった二年間のフィールドワークでした。四年の歳月をかけた執筆を経て、原住民族の民族学・言語学の大著の原稿が完成したとき、上山は、六〇〇〇枚におよぶ原稿に目を通しました。上山は、東京高輪の自宅で次のように語ったといいます（「朝日新聞」昭和八年十月十五日、記事の全文はhttp://ankei.jp/yuji/?n=2160）。

折角贈られたので私用には使いたくないと大部分を台北帝大に寄付したのだ、蕃人の調査項目を沢山あげこの中の重《おも》なるものを研究してくれる様頼んで今度高砂族の系統、言語の二大著述となるわけだ、原稿を読んでみたが私にはわからぬ所もあったけれど幣原《しではら》総長の話では調査がい丶ときに徹底的になされたさうで世界で最初の研究でうれしいことだ

この発言には、上山満之進の地域に根ざした学問への見識と愛情、そして研究の成果への謙虚さが現れていると感じられます。もちろん、警察組織などのバックアップを受けての調査でしたし（中生勝美、二〇一六『近代日本の人類学史――帝国と植民地の記憶』風響社、八三頁）、原住民族の側に「調査されるという迷惑」（宮本常一・安渓遊地、二〇〇八『調査されるという迷惑――フィールドに出かける前に読んでおく本』みずのわ出版）が皆無だったと主張することはできません。しかし、今となっては、いくら巨万の富を積んでも手に入れることのできない台湾原住の諸民族の文化的な遺産の学術的な記録がなされたことは、それまでの「統治のための学問」を越える普遍的な価値をもっています。『台湾高砂族系統所属の研究』と『原語による台湾高砂族昔話集』の合計一二六〇頁の大作となったこの研究の成果は、日中両言語で復刻・翻訳され、今もその輝きを増しています。

さて、上山は深く愛した台湾滞在の記念にと自宅に飾る絵の制作を依頼しました。餞別として贈られた一万三〇〇〇円のうち一〇〇〇円を使って、嘉義市出身で帝展（帝国美術院展覧会）に入選したばかりの画家の陳澄波に油絵を描いてもらうことにしたのですが、もし原住民族の研究の経費に余裕がないようなら、絵の代金は私費で払うと述べました（漢文「台湾日日新報」一九三〇年十月十八日）。

陳澄波。本人は「ちん・とうは」と読ませていたようですが、日本での読み方は現在の台湾では通じま

せんので、チェン・チェン・ポー（Chén Chéngbō）と言えば案外通じます。彼の入選は台湾でも大きく報道されました。

「台湾日日新報」一九二六年十月十二日付けの記事から引用します。

大正二年台北師範学校に入学し、同十三年上京して東京美術学校の高等師範部に入学し目下三年生であるが十日夜は入選を気遣ふて秘かに美術館の掲示場に佇んで居たが入選と聞いて雀躍《こおど》りして喜んだ同君は語る

昨年も出品したが落選しました　本年も同じかと危んで居たがおかげで當選しました　今私は下谷車坂に住んでゐますが郷里には妻と子供が二人あります

（http://chenchengpo.asdc.sinica.edu.tw/ChenChengPo/treasures?id=B78&pid=0101、二〇一六年八月八日閲覧）

上山が絵の製作を依頼した時、陳澄波は上海で美術の教員をしていました。後でもう一度触れますが、実はその経歴から後に嘉義市の議員となったことが彼の公開銃殺という悲劇的な最後につながるのです。上山元総督の依頼に応じて描かれた絵は、陳澄波の生存中に作られた絵はがきでは「東台湾臨海道路」と名付けられています（防府市立防府図書館の収蔵品目録には「台湾東海岸風景大額」とあるそうですが、これは物品としての油絵を指す普通名詞でしょう）。「東台湾臨海道路」という名前は、上山の委嘱に応えた陳澄波の制作の意図を示していると考えられます。それは、総督府が東海岸の断崖絶壁に二〇キロにおよぶ自動車道路を通すという難工事を上山在任中の一九二七年から開始したこと（開通は一九三二年）と

陳澄波の1926年帝展入選作「嘉義の町はづれ」。作品は2・28事件の後失われ、白黒の写真だけが残されている（維基百科「陳澄波」より）

上山がその文化と言語の研究と保護のために尽力した原住民族の生活の向上、この双方の顕彰と希望を表現したのではないでしょうか。この絵に盛り込まれた、雄大な自然を背景に、新しく通じた臨海道路を歩く（服装からはタイヤル族らしい）原住民の母子、豊かに木の繁る岸辺に点在する家々と海で漁をする男達。これらは、陳澄波が絵にこめた上山元総督への敬意あるメッセージだっただろうと安渓は推測しています。

ちなみに、先に新聞記事で紹介したように、一九二六年、彼は東京美術学校（現在の東京芸大）に在学中の作品「嘉義の町はづれ」で帝展初入選を果たしたのですが、これは、電柱が立ち並び、用水路と丸木橋のある道が拡幅されていく故郷の街角を描いています。このように、帝展初入選作と防府市の東台湾臨海道路の二枚の絵には日本統治のもとでのインフラ整備による庶民の生活の向上という、共通するモチーフがあったと考えてもよいと思います。

三、弱い立場への共感力と文化的多様性への敬意

上山元総督の委嘱で、台北帝大で原住民族の系統所属と言語学の研究が始まろうとする一九二八年、それに加わるかどうかで迷っている、学問好きの高校生が台湾にいました。それが晩年山口市赤妻に住んだ国分直一青年です（『遠い空――国分直一、人と学問』二五一頁）。二歳の時に台湾に移住し、ほとんど台湾生まれ（湾生《わんせい》）のような意識をもって育った国分直一は、虚弱な体質であったため、弱い者や小さい者への共感を忘れることはありませんでした。そして台湾のもつ民族的・文化的な多様性に日常的に触れることから、異文化を生きる者どうしが尊重しあうことの大切さを身につけたのです。

国分は、いったん台湾を離れて、京都帝国大学文学部史学科に進学する道を選んだのでした。しかし、文部省が法学部教授の免官を命じて、それに抗議して法学部の全教員が辞表を提出するという滝川事件（一九三三年）への抗議デモに参加したことをきっかけに、特別高等警察（特高）に付け狙われるようになりました。当時の京都帝大文学部の若い歴史研究者は、ほとんどがマルクシズムに染まり、危険思想の持ち主として獄中で殺されていったのです（国分、二〇〇六、二三四頁）。「あのままでは、国分君は獄死してしまう」と心配した台湾の恩師の配慮によって、台南女学校教師の職を得た国分は、満たされない学問への欲求を、台湾での地域研究に向けようとしました。

民族学と言語学では台北帝大から大きな研究業績が出たのを踏まえて、彼はまだやり残されている考古学での貢献を目指しました。生前国分は、このような言葉をのこしています。

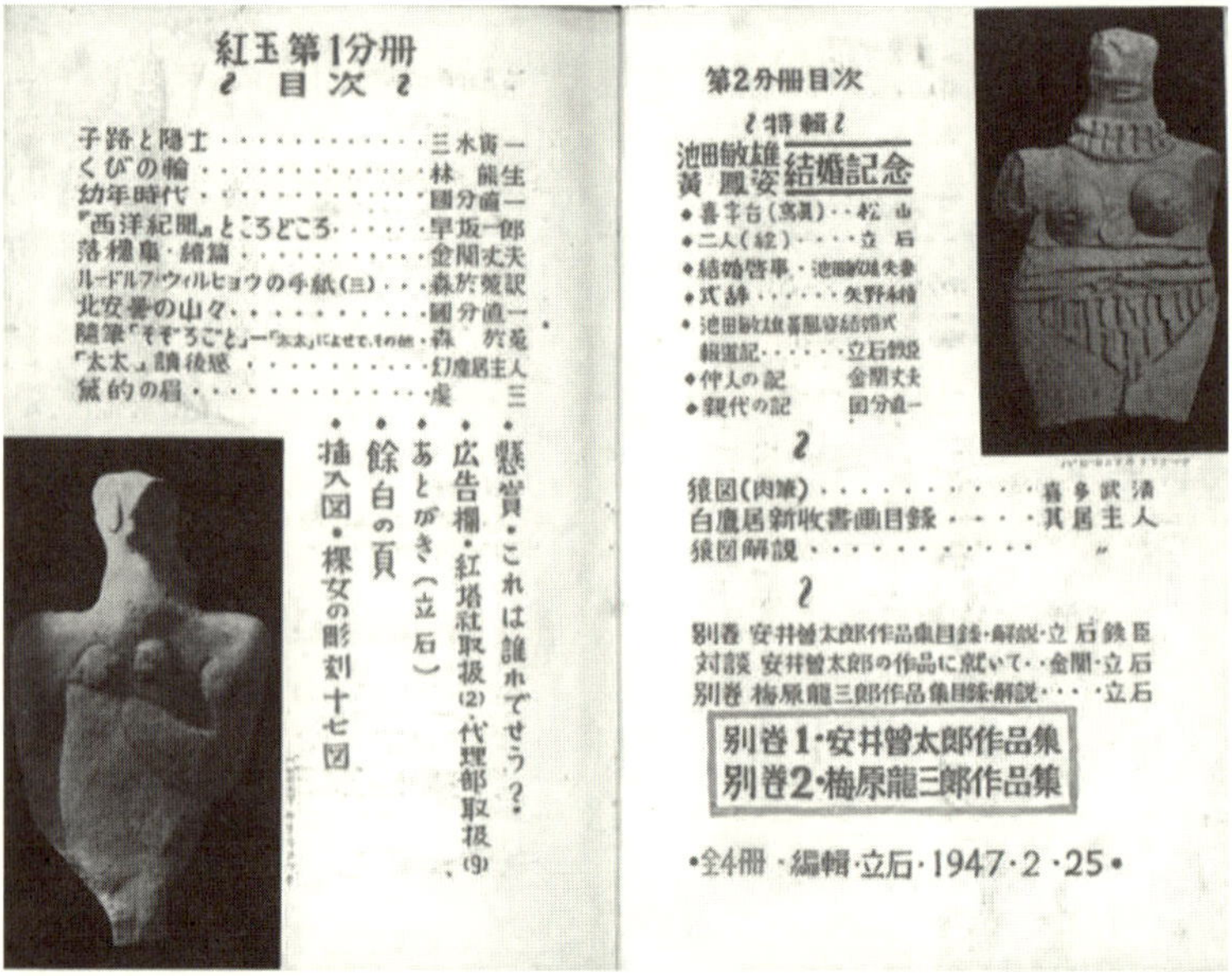

回覧雑誌6号「紅玉」の目次。1947年2月25日発行

あの山の中に閉じ込められ、「蕃人」と呼ばれて差別されている可哀想な人々こそが、台湾の主人公であることを学問的に立証してやろう、と僕は思いましてね。

国分のこの思いが、上山の寄付金によるプロジェクトから大きな刺激を受けていたことは間違いないと思われます。国分が台南で教員になった当時、台北帝大の教授であった金関丈夫博士は、研究用の文献を送るなどして国分を支援し、やがて国分は金関を生涯の師と仰ぐようになります。解剖学を専門としながら民族学・文芸などに深い教養をもつ金関の学識と人柄は、学生時代に抑圧者への怒りからスタートした国分の人類・民族・民俗・考古におよぶ膨大な研究活動にヒューマニズムの背骨を与えたと思われます。

金関は、台湾でやり残した仕事を終えるまでの「留用」を経て、国分とともに日本に帰ってから、九大などに勤め、鳥取大や宇部の山口県立医科大（現在の山大医学部）にも二年間勤務し、現在下関市立人類学ミュージアムとなっている土井ヶ浜遺跡の人骨から、渡来人との混血による日本人の成立についての先駆的な研究成果を挙げました。

戦時下の四年間にわたって金関丈夫が中心となって推進した台湾の漢族の民俗を総合的に記録・研究す

る『民俗台湾』については、後ほどお話ししますが、戦後の「留用」のあしかけ四年間に、台湾に残された日本人をつないだのが、金関がよびかけて一部だけ作成して回覧した総合的文芸誌『回覧雑誌』です。現存する十九冊は、金関丈夫が日本に持ち帰り、金関の没後は山口市内の国分旧宅にありましたが、金関丈夫の子息の考古学者・金関恕《ひろし》氏によって台湾大学図書館に寄託されています。この中の国分直一執筆分は『遠い空――国分直一、人と学問』に収めましたが、二〇一六年九月の台湾大学図書館の貴重書を扱う特蔵組での実習で、現在非公開の『回覧雑誌』の現物も見せていただける予定です。ここに写真を出したのは、二・二八事件が起こる直前の発行日付になっている号です。内戦の中でどこにも行けなくて閉じこもらざるを得なかった台湾留用の日本人たちの心中を察して下さい。

国分・金関への上山総督の影響は、研究プロジェクトを通しての間接的なものでしたが、上山満之進に直接抜擢されて、台湾および山口で活躍した山口人があったことを示す資料があったことに最近気づきました。萩から台湾に移った両親のもとで嘉義に育ち、一九四八（昭和二十三）年から山口県副知事・知事・衆参議員を歴任した小澤太郎（一九〇六－一九九六）が、死の半月ほど前に家族に渡したという自分史（小澤太郎、『風雪――記憶による回想』二〇一二、小澤克介発行）がそれです。

小澤太郎は、東京帝国大学法学部在学中、毛利家が出資し、上山満之進が世話人をしていた「防長教育会」の奨学金を受けていました。奨学生は、毎月一度集まって奨学金を受け取りましたが、その例会で自分の研究を発表することになっていました。小澤は「台湾高砂族タイヤル族の、酋長、頭目を中心に社会秩序を維持するための種々な原始的なおきてやタブー等について、それが意外にも民主的な面のあること等を述べ」ました（『風雪』、二四頁）。その発表を会場にいた上山が聞いていたのです。そして、小澤本人の知らないうちに、台湾総督府への就職が決まっていました。大恐慌のさなかの就職難を描いた小津安二郎監督の映画「大学は出たけれど」が公開された翌年の一九三〇（昭和五）年のことでした。ちょうど陳澄波が上山のために「東台湾臨海道路」を描いた年です。途中、一年半の「内地」勤務を経て、小澤は、一九四一（昭和十六）年二月、台湾総督府の警務局警務課長兼衛生課長を命ぜられます。これは、全島の警察業務を統括する極めて重要なポストでした。

小澤は、課長に就任するや直ちに、第十八代長谷川清総督（海軍大将）に面会して次のように意見を述べました。「湾生」と呼ばれた台湾生まれの面目躍如というところです。

自分は台湾に生まれ育った者で、台湾の友人が多く、その人々の心を自分は理解している積りである。領台以来総督府の辛苦経営により、産業は興り、経済は発展し島民の所得も増し、生活環境は著しく改善された。台湾統治の目標は島民を幸福にすることにあると思う。物質的幸福はあっても、心には多くの不満がある。それは、法制的、社会的不平等であり差別である。これを一日も早く是正することこそ府政重点でなければならない。国家非常の事態が予想される今日こそ、特にこの政策が強調されなければならない。然るに、今日この目標に逆行して、島民の宗教や信仰に干渉し、長い年月に培われた伝統の文化を無視して、性急な同化政策を押しつけることは、誇りある漢民族の血を引く本島人にとって耐へ難い屈辱感を心底に潜在させている。島民と心から手を取り合って、非常事態に対処することこそ、執るべき政治であると確信する。就ては文教局が指導している、偏狭且つ性急な同化政策を即時停止させて戴きたい。自分は担当の治安対策からも、全島の警察に対し、このことを指示したいのでお許しを戴きたい……

これに対して長谷川総督と小澤の間に、次のようなやり取りがあったといいます。

長谷川　自分は全くお前の意見と同じである。実は近衛（文麿首相）から大政翼賛会《たいせいよくさんかい》の支部を台湾に作るよう要請して来ている。自分は賛成しがたいが、お前はどう思うか。

小澤　自分は、閣下のご意見の通りで、賛成致しかねます。大政翼賛《たいせいよくさん》とか、八紘一宇《はっこういちう》とか、忠君愛国等、島民には理解し難く、全くなじまない思想である。本部の指示によってこのような考へを島民に押しつけることは絶対にさけなければならない……（『風雪――記憶による回想』五四～五五頁）

当時公表された文献は、ことごとく軍部の検閲を受けていました。ですから、このような会話がなされたことを、同時代の史料をもって立証することはなかなか難しいことです。圧倒的な力で迫ってくる中央からの圧力の中で、実現は難しかったけれど、しかし、行政の現場にも、学者たちの中にも、台湾での皇民化運動に抵抗しようとする意志と行動があったのでした。

『高砂族系統所属の研究』のメンバーであった宮本延人《のぶと》（チームリーダーの移川教授はその馬力を愛でて「エンジン」と呼んでいたそうです）は、皇民化運動の一環としての寺廟整理に対して学問の立場から猛然と反対しました。その結果、台湾の寺廟関係者からは非常に感謝され、戦後宮本が台湾を再訪問したときには、航海の女神を祀る媽祖《まそ》廟で爆竹の鳴る中、生神様として神輿に載せられてパレードをさせられたそうです（『遠い空――国分直一、人と学問』二五四頁）。

このあとの戦時下に、金関丈夫が、池田敏雄らとともに四年間にわたって推進した雑誌『民俗台湾』の運動を、日本帝国主義の手先であり、異国趣味に惑溺しただけのものであったと決めつけて否定する、川村湊氏（川村、一九九六『「大東亜民俗学」の虚実』講談社）らの論調については、生前の国分直一先生は、おだやかな反論を執筆されましたが、実際は列火のように怒っておられました。現在では、字面だけを追う研究として、きびしい批判を浴びています。

金関などの〝民俗台湾〟参画者の学問的営為あるいは生き様全体に対する探求と理解を欠き、雑誌の誌面に書きとめられた記述のみについての表層的な解釈によっている。また、当時の時代背景を捨象して現在という高みから当時の研究を糾弾する事は、なんら生産的ではない（三尾裕子、二〇〇五、『「民俗台湾」と大東亜共栄圏』貴志俊彦・荒野泰典・小風秀雅編、『「東アジア」の時代性』溪水社、一四五頁）。

ソウル大学校教授であった人類学者の全京秀氏は、『民俗台湾』を丁寧に読み解いて、戦時下における台湾での金関丈夫が「レジスタンス民俗学」の実践者であったと結論づけて、その学問的な復権を支持しています（全京秀、二〇一四「植民地台湾における金関丈夫の再評価――帝国の検閲とゆえなき誹謗を越えて」クライナー・ヨーゼフ編著『日本とは何か――日本民族学の二〇世紀』二九六～三四七頁、東京堂出版）。全教授は、『民俗台湾』や『文芸台湾』の同じ執筆者たちが、きびしい検閲がなくなった戦後に、同人だけの回覧の場で何を書いていたかを、軍による検閲の赤字が入り、結局印刷できなかった古い校正刷りそのものが貼り込まれていたのをめざとく見つけて対比しました。戦時下の思想弾圧を生き延びて研究と出版を続けるために様々な偽装をほどこしながら繭の中に閉じこもる方法をとったのだ、と指摘しています。

このような例から、戦前から戦中にかけて、大日本帝国の官吏として台湾で働いた山口県にゆかりのある人たちの中に、地域に根ざした文化や慣習を大切にしようという意識があり、その源泉のひとつが上山満之進であったことが理解できるでしょう。

台湾で活躍した長州・山口県出身者はこれだけではありません。インフラ整備で言えば台湾鉄道建設を進めた技師長谷川謹助（山陽小野田）がいました。昭和七年ほぼ同時に台北と台南に出現した二つの百貨店の創設者、林方一（山口市徳地柚木）と重田栄治（岩国）は、二〇一三年の林百貨店のリニューアルオープンによって再び注目されています。一八九六年、台湾での日本語教育史の原点・芝山巌《しざんがん》で抗日テロに倒れた六人の日本人教師の中に、楫取素彦の息子の楫取道明ら二人の山口県人がいました。上山満之進の前にもそういう多くの山口県人がいたのでした。山口県の歴史が好きなら、見逃せないスポットが台湾にはたくさんあるのです。

また、台湾での稲作改良と増産に大きな成果をあげた磯永吉農学博士（元台北帝国大学教授）を、山口県の農業の発展のために小澤知事が県顧問として迎えたことも忘れてはなりません。台湾政府は、磯博士の功績に感謝するため、終生、彼が栽培を軌道に乗せた水稲内地種「蓬萊米《ほうらい》」を毎年一二〇〇キロずつ磯博士に贈り続けたのでした（https://www.jataff.jp/senjin2/22.html）。

磯博士の山口県での仕事は、一九五八年七月から一九六二年三月まで続いたようですが（山口県農業試験場、一九九六、『山口県農業試験場百年史』二七二頁）、山口県農業試験場では、磯博士が作らせた木版の拓本を新入職員への訓示として配るという習慣が昭和四十年代までは続いていたとのことです。それを受けとったという山口市阿東徳佐在住の吉松敬祐氏は、わが家の農的暮らしの師匠ですが、その磯博士からのメッセージを鮮明に覚えておられます。それは「爾俸爾禄　民膏民脂　下民易虐　上天難欺（爾《なんじ》の俸

爾の禄は　民の膏《こう》　民の脂なり　下民は虐げ易きも　上天は欺き難し）」というもので、民が幸せになることで初めて、役人は給料をもらえるのだということを肝に命じよという内容でした（原典は丹羽高寛《たかひろ》・会津二本松藩五代藩主）。

私は、大学院の修士課程で台湾からほど近い西表島で在来の稲作を研究しました（安渓遊地編著『西表島の農耕文化――海上の道の発見』二〇〇七、法政大学出版局）。昭和の初めにそれまでの在来稲の収量を三倍近くにした奇跡の蓬莱米が台湾から導入されました。その開発者として磯永吉博士の名前は私の心に染みついています。でもその功績は、日本ではすっかり忘れられているようです。台湾大学構内の農場のそばに、磯永吉博士の作業小屋が当時の形を残したまま記念館になっており、「蓬莱米の父」磯永吉と「蓬莱米の母」末永仁《めぐむ》の膨大な資料が保管・展示されています。二〇一六年三月に訪れた私と妻は、非常に感激しました。みなさんも台北に行かれたらぜひ訪ねてみましょう。

四、いま山口県人が台湾に学ぶべきこと

こうした台湾との濃厚な人的交流の歴史を、維新の歴史の顕彰にはたいへん熱心な山口県の人々は忘れたのでしょうか。山口県美祢市は、海に面していないという共通点があり、特色ある地質に共通性があるとして、観光の促進をめざす姉妹提携を台湾南投県と二〇一一年に締結しました。しかし、南投県は、一九三〇（昭和五）年の霧社事件のような原住民族による日本人の襲撃・虐殺やその後の残虐きわまりない報復の歴史と記憶が刻まれた場所でもあるのです。また、美祢市の秋吉台は、一九五五年に米軍の射爆場となる計画でしたが、官民学あげての反対運動の結果、計画を撤回させることに成功したのでした。その

先頭に立って米軍司令部に乗りこみ「若し爆撃演習を強行するなら、知事自ら現場に座り込むとまで言った」のが、当時山口県知事であり、上山満之進に見出された「湾生」の小澤太郎氏であったこと（小澤太郎、『風雪』一〇九頁）などを思い起こせば、この姉妹提携もさらに意義深いものとなるではありませんか。

最近、一九三一年の嘉義農林学校からの原住民族・本省人・日本人からなるチームが甲子園で活躍する実話を描いた「KANO」（嘉義市の交差点に投手の大きなモニュメントが建っています）という大ヒット映画を作った馬志翔（マー・ジーシアン）監督が俳優として登場した映画「セデック・バレ」がこの霧社事件を正面から取り上げています。馬監督は、父方がセデック族、母方がサキザヤ族という、どちらも新しく政府によって公認された原住民族の家系で、原住民族としてはウミン・ボヤ（Umin Boya）と名乗っていることも、これらの映画を見るときには思い出していただきたいと思います。いずれもDVDになっています。

さて、陳澄波は、二・二八事件の中で、一九四七年三月二十五日に公開銃殺されてしまいます。日本統治時代の知識人、本省人エリートが組織的に抹殺されたんですね（沼崎一郎、二〇一四『台湾社会の形成と変容』）。その後、三十八年間にわたって続いた戒厳令と白色テロの時代に、家族が長く隠して伝えてきた彼の画業が李登輝総統誕生のあとの民主化の中で、近年再び注目を浴びています。防府市にこの絵がよい状態で保管されていたということは特筆すべきで、そのニュースが台湾の全国紙に載るとその日のうちにフェイスブックでの「いいね！」が四〇〇〇件にのぼったことから分かるように、台湾の人々は陳澄波の画業に、非常に熱い関心を寄せているのです（陳澄波の一枚の絵が盗難にあったというニュースには、「悪いね」の意味のリアクションがなんと七万件あったそうです）。

上山元総督の委嘱で陳澄波が描いた絵は、なぜか防府市を離れて福岡市のアジア美術館に十年間の長期にわたって寄託されることになっています。上山満之進の働きかけで研究され出版された台湾原住民族の文化と言語についての研究成果は、値段のつけられない価値を有するものでした。そして、彼が陳澄波に描かせた絵も、市場価値は高いものだといいます。しかし、たとえそれが何億円のものであっても、地域の歴史の物語の中にきちんと位置づけられた文化財は、それを愛情深くつなぎ合わせるなら、台湾をはじめとして、歴史や文化を愛する人々を強く惹きつける力の源泉となりうるのです。偏りのない歴史認識を共有し、どのようにして東アジアの友人達を招くかを、いまこそ山口県人は真剣に自問すべき秋《とき》ではないでしょうか。

この絵の望ましいありかについて、上山満之進の縁者にあたる、防府市在住の上山忠男氏（八十七歳）は、次のように述べておられます。

陳澄波画伯の台湾東海岸の風景画は、上山満之進が昭和三年台湾総督辞任の際、餞別料の一部によって画伯に依頼して画いてもらった作品で、台湾を愛した上山は、在任記念としてこれを東京の自宅応接室に掲げていました。

その後、上山は郷土の青少年の向学心育成のために全私財をなげうって防府市に図書館「三哲文庫」を建立し、市に寄贈しましたが、それにともない、この画も同文庫に贈られました。「三哲文庫」は、戦後、防府市立防府図書館と名称変更されましたが、これが上山の形見であることにかわりはありません。この上山の分身ともいうべき図書館に長く保管されていたこの世界的名画が、上山と縁もゆかりもない地で保管されることに違和感を覚えるのは私だけではないと思います。

つきましては、できるだけ早い時期にこの画を上山が生涯愛し続けた防府の地に返還していただき、貴重な文化財として市民が誇れるようになりたいと切望するところです。

そして、さらにそれによって防府と台湾（とくに陳画伯の郷里嘉義市）との親善が少しでも深まればと、おこがましくもひそかに期待しているところです。と申しますのも、それこそが台湾の人びととの友好を常にねがっていた上山にもっとも喜んでもらえることと思うからです。

上山忠男氏は、この九月には、「山口縣防府市民嘉義市友好訪問團」の団長として、私たちとともに、嘉義市を訪問して、陳澄波の息子さんを含む地元の方々と交流されることになっています。

歴史には光も影もあります。幕末維新の長州史だって「正義派」と「俗論派」のような一方的な色分けをして済むものではありません（一坂太郎、二〇〇四『高杉晋作考』春風文庫）。すぐには役にたたないように見えても、その根本資料を収集し、研究し、世界とシェアすることを可能にする熱意と文化力において、日本は台湾にはるかに遅れをとっています。例えば、山口市内にあった国分直一の蔵書一万七〇〇〇冊をはじめとするすべての研究資料と、金関丈夫の文系の蔵書二万四〇〇〇冊は、いまご遺族からの寄贈によって台湾大学図書館での整理が終わり、研究と公開が進められています。山口県内にはそれらを収蔵できる場所がなく、日本国内にもそれだけの文教予算を準備できる組織が見当たらなかったからです。山口人がまず学ぶべきは、台湾の文化遺産を大切にする姿勢と、真剣に歴史に向き合う決意だと考えられます。

中華民国第十四代総統に選出された蔡英文氏は、二〇一六年五月二十日に行われた就任演説で、台湾の政策を、多元性、平等、開放、透明性、人権などの価値に合致したものとしていく決意を語り、歴史に向き合う態度について次のように述べました。

（歴史の）真相を明らかにし、傷跡を癒し、責任を明確にします。そしてそれからは、過去の歴史が台湾における分裂の原因ではなくなり、共に前進するためのエネルギーへと転じるのです。同じく公平性と正義の問題に関して、私は同じ原則で原住民族の問題に向き合います。今日の就任祝賀大会で、原住民族の子供たちは国歌を歌う前、まず彼らの集落の伝統的な調べを歌ってくれました。このことは我々が、この島の人たちがやってきた順番を忘れてはならないことを象徴しています。新政権は謝罪の態度で原住民族に関する問題に向き合い、原住民族の歴史観の再構築、自治の段階的な推進、言語と文化の再生、生活支援の強化に取り組みます。これは私が新政権をリードして進める変化だといえます（蔡英文、二〇一六「総統就任演説（中央放送局による日本語訳）」）。
（http://japanese.rti.org.tw/whatsNew/?recordId=17351）

さらに、「原住民族の日」に制定されている八月一日には、蔡総統は次の段階へと勇気ある一歩を踏み出しました。

蔡総統は、日本統治時代の同化・皇民化政策や戦後の中華民国政府の方針で、原住民が持つもともとの言語や文化、尊厳が失われたことなどに言及。「われわれはきょう、前へ踏み出さなければならない」として政府を代表し謝罪した。また、総統府内に専門の委員会を設置し、原住民の地位向上や和解、共存共栄などを目指すとした。

総統府には原住民十六族の代表らが出席して謝罪を受け入れた一方、外には五十人以上の原住民が集まり政府の姿勢を批判。具体的な取り組みが行われていないなどと訴え、警察と小競り合いになる一幕もあった。
（「フォーカス台湾」二〇一六年八月一日。http://japan.cna.com.tw/news/apol/201608010002.aspx）

日本でも、沖縄県には台湾同様に支配者が交替した歴史があり、今も、沖縄島北部の辺野古《へのこ》や高江《たかえ》では米軍基地建設をめぐって強行する政府と抵抗する住民の間の激しい衝突が起こっています。また、先住民であるアイヌ民族がいます。一八九九年に制定されたきわめて差別的な「北海道旧土人保護法」が廃止され、「アイヌ文化振興法」が成立したのは、二風谷アイヌの長老・萱野茂さんが国会議員だった一九九七年のことでした。この法律の正式名称は「アイヌ文化の振興並びにアイヌの伝統等に関する知識の普及及び啓発に関する法律」であってアイヌ民族のみなさんが要求し続けてこられた生活支援は、いまに至るも盛り込まれていないのです。この点が日本の先住民族への対応と台湾との大きな違いとなるでしょう。

陳澄波の長男の陳重光氏（九十一歳）は、二〇一六年三月、山口県立大学からの実習学生の質問に、以下のように答えられました。歴史の光と影の両方を見つめてきた方の貴重な証言です。

日本の一番悪いところは差別待遇ですね。台湾人と内地人との差別待遇。待遇はあのサハリンとか朝鮮とかその差別待遇ですね。それから宗教、強制的に拝めというんですね。天照大神とか大和民族の最高の神ですね。天皇は現人神《あらひとがみ》という考えを刷り付けるんですね。そして日本語で話しなさいと、学校では日本語以外話してはいけないです。うちへ帰ったら台湾語ばっかりですけど、うちでも日本語使いなさいと日本語常用家庭を設営したんです。これも僕としては圧力であり嫌がらせだったと思うんですね。また、戦時中は帝国主義の圧迫ですね。日本人、本州でもそういうことがあったんですが、警察局で特高という名の刑事があちこち歩き回って思想問題のある人を牢屋に放り込んだんです。戦争に反対なんて言えないです。これらが嫌な所ですね。

ところがとてもいいこともしていただいたんです。建設とかあるいは交通建設、工業建設、それに農業に対してもみなさんが今日行かれる嘉南大圳《かなんたいしゅう》（八田与一が建設を指揮した烏山頭《うさんとう》ダムと一万六〇〇〇キロに及ぶその灌漑水路）もとてもいいことでした。「法に従え」というのもいい政治だったんですね。法を守れと、だから台湾の人で歌をうたった人があるんです。「法の祖国は日本、血の祖国は中国。そして心の祖国は台湾」という歌です。

なぜ日本に好感を持つかというと、その戦後ですね、台湾は中華民国政府にひどい目にあったんです。独裁主義とか、白色恐怖の政治。それが悪いところは、日本時代の悪いところは全部残してそれを倍増したんです。だからもう台湾としてはひどい目にあったんです。日本時代より何倍かひどい目にあったんです。それで日本時代のいいところを思い出して好感を持てたわけなんです。これが李登輝総統から徐々にそうなったんですね。

新しく選ばれた蔡英文総統がもっと台湾の民主政治、自由経済に貢献することを望んでいます。まあいまのところ一番開明の総統として羨まれるということになるでしょうね。それを期待しています。

国分直一が終生の師と仰いだ金関丈夫は、生前国分にこう語ったといいます。「誠実に向こうから来る人たちと接して、そこに少しでも友情が芽生えれば、民族の恨みを消していくことができる」――みなさんも、この言葉を胸にしっかり刻んで、実りのある交流をしていただきたいと思います。

終わりにあたって、総選挙の前に山口県に表敬訪問された、蔡英文新総統の言葉を引用しておきます。

あなた方が、歴史についても環境に対してもこのような高い見識と行動力をもった人がリーダーに選ばれた時の台湾に学びに行けるというのは、たいへん幸運なことです。これまでの先輩の見られなかったところまでしっかり見てきてほしいと願っています。

かつてのように、天然資源と国民の健康を限りなく犠牲にしていくことは許されません。ですから、各種の汚染管理について我々は厳しい態度で取り組みます。台湾をいっそう、循環型経済の時代へと向かわせ、廃棄物を再生資源へと転換していくのです。また、エネルギーの選択について、我々は持続可能性の観念で段階的に調整していきます。新政権は、気候変動、国土の保全、災害防止に関する問題を厳粛に受け止めています。なぜなら地球は一つしかなく、台湾も一つしかないからです。

児玉先生も防府市を例として具体的に提案しておられますが、高い意識をもち、教養の程度も高い台湾の人たちを山口県にお迎えするプログラムを考えてみませんか。台湾の人たちの大好きな温泉や、上山の薫陶を受けた「湾生」の知事が先頭に立って守った秋吉台などの豊かな自然、上山満之進の資料を集めた上山文庫、上山が生涯親密な関係を保った毛利家ゆかりの毛利邸や英雲荘（いずれも防府市）などに残されている古きよき日本の姿を残す文化財をともに見てまわるというような、ていねいな交流プログラムを企画・提案して、山口県民と台湾の人たちとの間に、心の架け橋をかけていきましょう。そうそう、山口県立大学国際文化学部の先輩の学生が、日本の旅行社の台北支店でのインターンシップを通して学んだことですが、歴史的なものは好きでもお墓をまわる趣味は台湾にはないそうですから、それだけは気をつけましょう。

執筆者紹介

編著者

児玉　識（こだま　しき）一九三三年、山口県に生まれる。一九六〇年、京都大学大学院修士課程文学研究科修了。下松高校、豊浦高校、宇部工業高専、水産大学校勤務を経て、一九九八年より龍谷大学文学部教授、二〇〇二年、同定年退職。文学博士。現在、山口県防府市富海円通寺住職。

著書に『加藤辨三郎と仏教―科学と経営のバックボーン―』（法蔵館、二〇一四年）、『近世真宗と地域社会』（法蔵館、二〇〇五年）、『近世真宗の展開過程』（吉川弘文館、一九七六年）、『維新の先覚・月性の研究』（マツノ書店、一九七九年、共著）など。

執筆者

安渓遊地（あんけい　ゆうじ）一九五一年、富山県に生まれる。一九八〇年、京都大学大学院理学研究科単位取得退学。沖縄大学、山口大学教養部、山口女子大を経て、一九九六年より山口県立大学教授。京都大学理学博士。二十年来、山村に暮らして半農半Xの境地を追求中。

共著書に『調査されるという迷惑』（宮本常一と共著、みずのわ出版、二〇〇八年）、『奄美沖縄環境史資料集成』（当山昌直と共編著、南方新社、二〇一一年）、『東アジアに輝く』（井竿富雄と共編著、文部科学省ＣＯＣブックレット、二〇一六年）など。

上山満《かみやまみつ》之《の》進《しん》の思想《しそう》と行動《こうどう》

増補改訂版

■

著者　児玉　識

■

2016 年 11 月 30 日　第 1 刷発行

■

発行者　杉本雅子

■

発行所　有限会社海鳥社

〒 812-0023　福岡市博多区奈良屋町 13 番 4 号

電話 092（272）0120　FAX 092（272）0121

http://www.kaichosha-f.co.jp

印刷・製本　大村印刷株式会社

ISBN978-4-87415-985-9

［定価は表紙カバーに表示］